아름다운 동행

아름다운 동행

광야의 십자가와 동행하는 사람들의
아름다운 이야기

황 창 연

하드츠파사

추천의 글

차종순 목사

전(前) 호남신학대학 총장
전주대학교(신동아학원) 이사장

캐리어 두 개를 들고 상해와 서안으로 떠난 황창연·오순영 선교사 부부를, 저는 캐리어 하나를 들고 찾아갔습니다. 그때부터 황 선교사 부부와 저 사이에 아름다운 동행이 시작되었습니다. 동행이라기보다는, 저는 황 선교사님이 땀과 기도로 가꾸어 놓은 지역과 그곳의 사역자들과 사람들을 쉽게 제 친구로 만들어버리는 것 같았습니다. "나의 수고로 당신이 편하다면 나는 오케이!"라고 말하는 사람이 선교사입니다.

선교사는 예수님을 대신하여 예수님께서 하신 말씀을 전하는 '사신'(πρεσβευτής)이자 '작은 예수'(a little Jesus)입니다. 황 선교사는 작은 예수로서 부지런히 씨를 뿌리고 다녔으며, 그 씨앗들이 잘 자라는지 살피기 위하여 불원천리 찾아가 그들이 믿음에 굳게 선 것을 보고 "살 것 같다"(살전 3:8)고 안도하곤 했습니다. 그는 또 하나의 작은 사도 바울(a little St. Paul)이었습니다.

황창연 목사는 한국에서 점점 잊혀져 가는 사람이 되어가고 있습니다. 이것이야말로 선교 사역자의 승리의 깃발입니다. 황 선교사를 보면, 자신이 한국에서 잊혀지는 것과 비례하여 중국어를, 중국인 친구들을,

그리고 중국 교회들을 더욱 사랑하게 되는 것이 느껴졌습니다. 한편으로는 기쁘고 또 한편으로는 서글펐지만, 그렇게 그는 예수님의 제자가 되어가고 있었습니다.

중국은 기독교가 받아들여지기 어려운 땅이며, 중국인들이 기독교인으로 변화되기 어렵다는 사실은 선교 통계를 통해서도 알 수 있습니다. "미국 남장로교 해외선교 상임위원회"는 1911년 통계를 통해 다음과 같이 보고합니다.

> 파송된 선교사의 수는 중국 263명, 일본 63명, 한국 185명이었다. 선교사 한 사람의 개종자 수는 중국 0.8명, 일본 4.1명, 한국 10.2명이었다. 개종자 한 사람을 얻는 데 드는 평균 비용은 중국 880달러, 일본 171달러, 한국 54달러였다.

가장 많은 선교사(263명)가 파송되고, 가장 많은 비용(880달러)이 사용되었음에도 불구하고, 선교사 한 사람이 0.8명의 개종자를 얻는 데 그쳤던 땅이 바로 중국이었습니다.

그렇기 때문에 황창연·오순영 선교사는 중국 선교에 도전하였습니다. 100여 년 전, 미국 교회가 파송한 선교사들은 일본과 한국에서는 선교의 열매로 맺힌 교인들과 교회, 신학교를 보며 기쁨을 누릴 수 있었지만, 중국에서는 가시적인 열매를 보기 어려운 쓸쓸함을 경험해야 했습니다.

그러나 황창연·오순영 선교사 부부는 뿌린 씨앗이 늦게 발아하여 큰 나무로 자라나는 씨앗을 심었습니다. 아름다운 동행 가운데, 아내는 가정 안에서, 남편은 가정 밖에서 음악과 말씀을 통해 중국인들의 마음에 복음의 씨를 뿌렸습니다. 그리고 두 자녀에게도 기도와 눈물, 그리고 아름다운 삶으로 씨를 심었습니다.

『아름다운 동행』은 저에게도 그 뒤를 따르고 싶은 열망을 일으킵니다. 이 글을 읽으며 "저렇게 살아야 했는데!"라는 아쉬움이 마음에 남습니다. 틀림없이 이 글을 읽는 이들 또한 같은 마음을 품게 될 것입니다. 그 아쉬움과 부러움을 이 글로 대신 표현해 봅니다.

추천의 글

황태연 목사

전(前) GMS 선교연구개발원장
Asian School of Development & Cross cultural Studies 이사장

이 책은 황창연·오순영 부부 선교사가 중국 본토와 대만에서 30여 년 동안 사역하며 살아온 이야기를 묶어온 것이다. 그렇다고 해서 이 책이 사역의 열매를 늘어 놓거나 본인만의 선교철학을 피력하는 것은 아니다. 첫 장에 몇 줄만 읽어 내려도 저자가 자신의 지난 삶을 회상하는 모습이 그려진다. 독자는 그와 함께 헌신한 자의 삶에 주님의 은혜는 얼마나 신실하셨는지, 그리고 이를 따르는 사역자의 삶이 얼마나 맑을 수 있는지를 간결한 문장으로 담담하게 써 내려가고 있는 것이다.

그 걸어온 길에 저자 부부가 만난 사람은 참으로 많다. 만난 사람마다 그는 하나님이 자기에게 붙여준 사람이라 믿고 그들을 대한다. 그들이 큰 어른이든 작은 아이든 이들 부부는 순전한 마음으로 섬길 수 있음에 감사하고 섬김을 받음에 또 감사한다.

이 섬김의 길이 그의 사역이었고 삶이었다. 그러기에 이 책 내용에 선교적 용어나 종교적 무늬로 치장한 모습은 보이지 않는다. 십자가의 길을 바라보며 걷는 매 순간의 순직함 속에 감사로 일관된 걸음만 읽힐 뿐이다.

사실 이렇게 터벅터벅 변함없이 걷는 저자의 이야기는 고상한 단어가 잘 정리된 철학책이나 모험적인 이야기에 푸른 하늘과 바다 사진이 곁들여진 여행책처럼 단번에 독자의 눈길을 사로잡는 종류의 책은 아닐지도 모른다. 특히 모든 것을 표피적 가치로 평가하는 오늘날의 시각에는 더욱 그렇다. 그럼에도 나는 이 책의 일독을 강력히 추천한다.

　다른 책들과 달리 이 책에서는 하나님께 헌신한 자가 걷는 장중한 걸음걸이와 심령 바닥에서 올라오는 한숨 어린 기도 소리가 들리고, 다시 고개를 들면 웃고 있는 맑고 밝은 얼굴빛을 보게 될 것이다. 그리고 이 책의 마지막 책장을 덮을 즈음이면, 저자의 삶을 인도하신 하나님께 감사하는 마음이 일어날 것이다. 십자가의 향기가 느껴지는 책은 아마 이런 책이 아닌가 싶다.

이 책의 제목을 정하는 과정에서 아내와 함께 오랫동안 고민하며 많은 대화를 나누었다. 그러는 가운데 어렵게 두 사람의 의견이 하나로 모아진 제목이 바로 "아름다운 동행"이었다. 사실 이 제목을 택하는 것은 나로서는 꽤나 파격적인 도전이었다. 그동안의 나의 인생은 언제나 '사명'이라는 목표를 향해 쉼없이 달려온 여정이었기 때문이다.

'아름다운'이라는 수식어는 왠지 내게 너무 안일하고 유약하며, 어쩌면 사치스럽게까지 느껴지는 개념으로 다가왔다. 늘 십자가를 지고 고난 한가운데서 전투적으로 살아내는 사명이 나를 이끌어왔고, 나는 그렇게 살기 위해 몸부림치며 핍박받는 선교지의 삶을 선택해 왔다. 그러나 그것이 내게 주어진 길이라는 사실에는 단 한 번의 의심도 품어본 적이 없었다.

나는 내세울 것 없는 지극히 평범한 농촌에서, 전통적인 유교적 가치를 중시하는 가정에서 자랐다. 경제적인 어려움과 육체적인 질병으로 깊은 수렁에 빠져 있던 청소년기에 주님을 영접했고, 신학교에 입학하면서 오롯이 하나님만을 바라보며 20대를 보냈다.

젊은 청년 시절, 나는 세상의 화려함에 한눈 팔지 않고 나실인(하나님께 자신을 바쳐 구별된 사람으로 살겠다고 서원한 사람)으로 살겠다고 서원했다. 좌우를 돌아보지 않고 좁은 길, 십자가의 길만을 걷겠다고 다짐하며 살아왔다. 아니, 어쩌면 그 외의 것들은 내게 허용되지 않은, 반드시 물리쳐야 할 대적처럼 여겨졌는지도 모르겠다.

그리고 결혼을 하고 사랑스러운 가족이 생기자, 그동안의 깊은 외로움은 충만함으로 바뀌었다. 가족은 선교의 가장 든든한 동역자가 되었고, 함께 선교지에서 씨를 뿌리며 열매를 보게 되었다. 나아가 '한국 선교사회' 안에서도 인정을 받으며 비교적 중추적인 역할들을 감당하게 되었다.

그러나 1960년대에 태어나 경쟁과 성과 중심의 환경 속에서 자란 이들이 공통적으로 지니는 특성이 나에게도 분명히 자리하고 있었다. 그것은 '성과가 곧 그 사람의 가치'라는 인식이었다. 그리스도인으로서, 또 목사로서 사회적 부나 성공을 사람의 가치로 평가하지는 않는다면서도, 선교의 영역 안에서조차 타인의 사역과 자신을 비교하며 얼마나 잘하고 있는가로부터 완전히 자유롭지는 못했다.

내 안에 깊이 자리 잡은 강한 책임감은 쉬는 것, 내려놓는 것을 쉽게 허락하지 않았고, 오히려 그것을 죄책감으로 느끼게 만들었다. 이것이 나 자신을 힘들게 할 뿐 아니라, 내 곁의 가족과 동역자들까지 지치게 만든다는 사실을 인정하는 일은 결코 쉽지 않았다.

생명의 위험과 위협이 늘 도사리던 중국 선교 현장에서는 한시도 긴장을 늦출 수 없었다. 전장과도 같은 그곳에서 개인적인 안일함을 추구하는 것은 곧 위험을 자초하는 일이었기에, 그런 삶을 20년 넘게 살아오며 나는 점점 더 자신과 타인 모두에게 전투적인 삶을 요구하는 사람이 되어갔던 것 같다.

그러다 중국에서 더 이상 선교를 지속할 수 없게 되어 사역지를 대만으로 옮기면서, 공안(公安)의 감시에 대한 극도의 긴장감에서 비로소 해방되었다. 무의식 깊은 곳에까지 자리 잡고 있던 체포와 추방에 대한 불안감을 내려놓자 비로소 정상적인 삶과 사역을 회복할 수 있었다. 그 과정에서 점차 나 자신을 객관적으로 바라볼 수 있는 여유도 생겨났다.

코로나19로 인해 대면 집회가 금지되었던 시간은, 역설적으로 우리 부부에게 과거와 현재를 반추하며 집필에 몰두할 수 있는 고요한 선물이 되었다. 급박한 현장 속에서는 멀리 내다보는 시야를 갖기 어려웠다. 그러나 현장에서 써 내려간 글은 비록 투박할지언정, 책상 앞에서 쓴 글로는 담아낼 수 없는 생생함과 진실함을 품고 있었다.

우리 부부는 중국에서 집필했던 원고를 다시 다듬고 보완하여 대만에서 출간했고, 이 책을 통해 대만 선교를 감당하게 되는 뜻밖의 축복을 누리게 되었다. 내 마음속에 오래 품어왔던 소망은, 중국에서 경험하게 하신 십자가의 선교를 제자도의 여정과 연결하여 하나의 흐름으로 정리하는 것이었는데, 팬데믹으로 직접적인 사역의 문이 닫혔을 때 오히려 그 꿈이 실현된 것이다. 눈앞의 길이 닫힐 때 다른 세상이 열리는 것이 우리의 인생이다.

이제 5년간의 대만 선교를 일단락 짓고 한국으로 돌아와 안식년을 보내며, 한 걸음 더 뒤로 물러서 지난 30년의 선교 여정을 돌아보게 된다. 그러자 놀랍게도 같은 경험들이 전혀 다른 모습으로 다가오기 시작했다. 개인의 인생과 선교, 선교지의 자연과 그곳의 사람들이 하나의 유기적인 그림으로 연결되어 내 눈앞에 펼쳐지기 시작한 것이다.

이 책은 선교 현장을 토대로 하고 있지만, 이전과는 다른 방식의 글쓰기를 시도했다. 30-40대에 쓴 글들이 열정과 비전의 고취로 강하고 뜨거웠다면, 이번 글들은 다소 밋밋하고 가볍게 느껴질 수도 있을 것이다. 그러나 젊은 시절에는 담아내지 못했던, 자연과 사람을 바라보며 받은 감동과 사색을 글 속에 더했다.

마지막 3부에는 창작시 20여 편을 실었다. '시'라고 부르기에는 부끄럽지만, 밀려오는 감동에 잠을 이루지 못한 채 몇 시간이고 써 내려간 내면의 목소리들을 용기 내어 세상에 내놓는다. 이는 그동안 충분히 존중받지 못했던, 내 안에 갇혀 있던 '참자아'에게 주는 작은 선물이라 할 수 있을 것이다.

이 원고를 편집하고 디자인으로 동역해주신 한들출판사 정덕주 목사님, 임규열 사모님과의 만남은 또 하나의 깜짝 선물이었다. 필자의 마음을 귀하게 살려주신 두 분의 수고에 깊이 감사드린다.

돌아보면 나의 인생은 "아름다운 동행"의 연속이었다. 어린 시절에는 나를 품어준 가족들과 함께 걸었고, 장성하여 아내와 자녀들과 함께 선교의 길에 나섰을 때는 상상조차 하지 못했던 하나님의 가족들과의 동행이 기다리고 있었다. 그 시간들은 내 인생에서 가장 설레고, 가장 짜릿했던 순간들이었다.

물론 이 모든 것을 포함하고도 남는 태초부터 영원토록 지속될 하나님과의 동행 안에서 …!

2026년 3월
서울에서 황창연

목차

2부 '포르모사' 대만에서

3부 고백과 기도

서시

정결과 빛

대륙의 한복판에서

1부

중국 대륙에서

01

BC와 AD — 인생의 분수령

1995년 8월, 임신 6개월 된 아내와 함께 나는 미지의 세계를 향해 첫 발걸음을 내디뎠다. 낯선 땅을 향해 떠나는 길 위에서, 마음속에는 무어라 표현하기 어려운 설렘과 기대, 그리고 알 수 없는 긴장이 뒤엉켜 있었다. 많은 선교사들이 그러하듯, 고국을 뒤로 한 채 낯선 땅으로 향하는 그 순간은 하나의 모험이자 믿음의 도전이었다. 그러나 우리 부부에게 그것은 한층 더 특별한 전환점이 되었다.

30년을 훌쩍 넘기도록 독신으로 살아왔던 지난 삶은 그렇게 단숨에 바뀌었다. 첫 만남 이후 불과 석 달 만에 결혼을 결단했고, 몇 개월 후 아직 태어 나지 않은 아이를 태중에 품은 채 선교사 신분으로 들어갈 수 없던 중국으로 향하고 있었다. 죽의 장막과 같던 그 땅으로 들어가는 결성은, 우리 인생에서 말 그대로 'BC와 AD'를 가르는 역사적 분수령이 되었다.

그런데 놀랍게도 하나님은 우리의 마음에서 걱정과 두려움을 덜어내셨다. 대신 새로움에 대한 경이로움과 알 수 없는 자유의 기쁨을 가득 부어주셨다. 처음에는 막연히 두렵게만 느껴졌던 사회주의 체제였지만 막상 그 안으로 들어가 보니, 그곳 서민들의 삶은 우리가 한국에서 살아오던 일상과 크게 다르지 않았다.

입국 후 우리는 중국의 한 대학에 외국인 유학생 기숙사를 신청했다. 입사 수속을 밟기 위해 학교를 찾았을 때, 담당자는 뜻밖의 질문을 던졌다.

"왜 임신한 아내가 있다는 사실을 미리 말하지 않았습니까?"

가슴이 철렁 내려앉았다. 혹시 기숙사 입사를 거절당하는 건 아닐까? 순간적으로 수십 가지 생각이 스쳤다. 그러나 나중에 알게 된 것은, 딱딱하게 들렸던 그 말투가 실은 임산부의 안전을 염려한 배려였다는 사실이었다. 그제야 마음이 스르르 녹았다. 그렇게 우리는 우여곡절 끝에 2인실 기숙사에서 함께 지낼 수 있는 허락을 받았다. 우리의 늦깎이 유학 생활은 그렇게 시작되었다.

그나마 나는 사전에 1년 남짓 대만에서 살아보고, 중국 선교지를 답사하며 이 문화에 조금은 익숙해져 있었지만 아내에게 이곳은 모든 것이 처음이었다. 완전히 낯선 땅, 전혀 다른 환경이었다. 그런데도 신기하게, 아내는 나보다 훨씬 더 밝고 즐겁게 새 생활을 받아들였다. 좁디좁은 기숙사 방에는 늘 손님이 끊이지 않았다. 한국인, 외국인 유학생들에게 우리 방은 사랑방이었다. 아내와 나는 한국 음식을 만들어 그들과 나누었고, 함께 노래하고 이야기를 나누는 그 시간을 진심으로 즐겼다. 그렇게 이방의 문화를 조금씩 마음에 담아가기 시작했다.

그러나 한국에 있는 가족이나 지인들과의 연락은 거의 끊긴 것이나 다름없었다. 기숙사의 가구는 간단한 책상과 침대, 옷장이 전부였다. 그래도 신혼인데! 한국에서 가져온 혼수품 하나 없이 시작된 삶이었다.

도청에 대한 두려움으로 전화 한 통조차 자유로이 할 수 없는 형편이었다. 말 그대로, 한국과의 연결은 완전히 차단되었다.

이 고립 속에서 우리는 비로소 깨달았다. 하나님께서 단호히 우리의 손을 이끄셔서, 미련 없이 과거를 내려놓고 온전히 새로 시작하도록 만드셨다는 것을. 그런 단절이 아니었다면, 우리는 자꾸만 뒤를 돌아보며 두고 온 옛 삶에 마음이 나뉘었을지 모른다.

중국의 어느 거리 한복판에서도 한국말로 대화를 나누는 사람은 우리 둘 뿐이었다. 통제사회에서 맛본 자유라니 … 아이러니하지만 우리는 한국에서 한 번도 느껴보지 못했던 말할 수 없는 자유함을 만끽했다.

그곳에서 약 2년 동안 언어와 문화를 익혔다. 방학이면 나는 아내를 잠시 한국으로 보내고 홀로 중국인 친구들과 광활한 대륙을 여행했다. 지금처럼 SNS도, 온라인 정보도 흔치 않던 시절이었다. 모든 여행은 오롯이 몸으로 부딪히며 배우는 경험이었다.

화려한 관광지보다는 학교에서 알게 된 친구들의 고향을 따라가는 길이 훨씬 더 뜻깊었다. 그들은 꾸미거나 과장하지 않았다. 농촌이든, 허름한 마을이든, 유서 깊은 유적지이든 있는 그대로 보여주었다. 그 소박하고 진솔한 나눔이 내 마음을 편안하게 했다. 그 속에서 진정한 우정이 자라났다. 나는 점점 중국인과 미음 을 나누는 친구가 되어갔다.

내게 중국은 그야말로 '대륙'이었다. 단일 민족, 단일 언어 환경에서 자란 한국 사람에게는 상상하기 힘든 광활함과 복잡다단한 다양성이 눈앞에 펼쳐졌다. 그래서 누군가 "중국은 어떤 곳인가요?" 하고 물으면, 늘 짧게 대답하기 어려웠다.

면적만 해도 한국의 100배나 되었다. 14억을 훌쩍 넘는 인구와 56개

민족(사실은 훨씬 더 많다)이 함께 살아가는 나라. 한대에서 열대까지 모든 기후대를 품은 땅. 그리고 인류 4대 문명 중 하나인 황하문명이 지금까지도 살아 숨 쉬는 유일한 곳. 가까운 이웃이지만, 그 속을 온전히 이해한다는 것은 거의 불가능에 가까운 일이었다.

　더욱 놀라웠던 것은, 우리가 역사 교과서를 통해 자연스럽게 익혔던 중국 고대 역사나 문화에 대해 정작 많은 중국인들은 거의 배우지 못했다는 사실이었다. 사회주의 체제에서 자란 그들은 스스로의 뿌리에 대해 무지했고, 한국에 대해서도 아는 것이 거의 없었다. 그럴 때마다 나는 그들과 문화와 인식의 간극을 깊이 체감했다.

　그러면서 나는 한국에서 입고 온 고정관념의 옷을 하나씩 벗어야 했다. 익숙함의 껍질도 하나하나 벗겨졌다. 그리고 이 낯선 땅에서, 완전히 새로운 방식으로 나를 다시 세우는 '환골탈태의 여정'이 서서히 시작되었다.

02

육아와 사역, 환상의 조합

한 번도 걸어본 적 없는 길, 아무도 가르쳐주지 않은 길을 떠나려 할 때, 하나님께서는 우리 부부에게 이사야 43장 2절을 약속의 말씀으로 주셨다.

> "네가 물가운데로 지날 때에 내가 너와 함께 할 것이며, 강을 건널 때에 물이 너를 침몰하지 못할 것이며, 네가 불 가운데로 지날 때에 타지도 아니할 것이요, 불꽃이 너를 사르지도 못하리니 …."

그 말씀 그대로, 우리가 선교지에서 만난 길은 물과 불의 여정이었다. 공안(중국 경찰)의 감시나 사회적 통제만이 어려움은 아니었다. 전혀 낯선 땅에서 가정을 세우고 지키긴다는 것 또한 크나큰 도전이었다.

아내의 출산이 가까워지면서 우리는 현실의 높은 벽에 부딪혔다. 당시 유학생 기숙사에서는 신생아를 데리고 살 수 없었고, 외국인은 지정된 거주지에서만 살 수 있었다. 그런 곳은 월세가 너무 비싸 우리가 감당할 수 있는 집은 그 어디에도 없었다. 역설적이게도 선택지가 없으니, 오히려 마음을 정하는 일이 더 단순해졌다.

결국 아내는 출산을 위해 한국 친정으로 돌아갔고, 장모님께서 손자를 맡아 키워주시겠다고 하셨다. 줄곧 교직에 몸담아 오신 장모님께 24시간 신생아를 돌보는 일은 평생 처음 맡는 전일제 과제였다. 군인 출신인 장인 어른에게도 생소하고 어색한 일이었지만, 선교지에서 몸과 마음을 다해 사역하는 딸을 위해 기꺼이 몸과 마음을 내어 주셨다.

이렇게 첫째 아들은 외갓집에서 돌이 될 때까지 자랐고, 우리 부부는 중국에서 언어와 문화를 익히는 일에 전념할 수 있었다. 물론 마음은 늘 한국에 두고 온 아들에게 있었다. 부모님이 보내준 아기의 옹알이를 녹음한 카세트 테이프를 밤마다 들으며 그리움을 달랬다.

부모님께 대한 고마움과 죄송스러움이 함께 밀려와 마음이 무거울 때도 많았다. 게다가 일부 사람들의 안타까움 섞인 시선과 질책도 아내에게 적잖은 부담이 되었다. 그러나 아내는 그 모든 상황을 오히려 배움과 기도로 승화시켰다. 더 열심히 공부했고, 결국 중국어반에서 수석 장학생이 되었다.

그때 장모님의 삶도 조용히 새로운 사명의 자리로 들어가셨다. 교회에서 맡아 오시던 직분과 여러 사역들을 내려놓으시고, 오롯이 손자를 돌보는 일에 전념하신 것이다. 몸도 마음도 결코 쉽지 않은 일이었지만, 조용하던 집은 손자와 함께 찾아오는 이들, 돕는 손길과 위로와 격려로 가득해졌다. 어느새 부모님 댁은 작은 사랑방이 되어 자연스레 공동육아가 이루어졌고, 그 안에서 늘 웃음과 기쁨이 피어났다.

그 모든 과정을 바라보며, 이사야 55장 8-9절의 말씀이 마음에 깊이 새겨졌다.

"이는 내 생각이 너희의 생각과 다르며, 내 길은 너희의 길과 다름이니라. 이는 하늘이 땅보다 높음같이 내 길은 너희의 길보다 높으며, 내 생각은 너희의 생각보다 높으니라."

그리고 1년쯤 지난 뒤, 하나님은 우리에게 또 하나의 큰 전환점을 열어 주셨다. 학교 측의 배려로 교직원 숙소로 이사할 수 있게 되었고, 마침내 15개월 된 아들과 함께 중국에서 살 수 있는 여건이 마련된 것이다. 그 소식을 들은 중국의 이웃들은 진심으로 기뻐해 주었다. 처음 만난 우리 아이를 품에 안고 아낌없는 사랑을 쏟아주었으며, 어디를 가든 길가던 사람들조차 아이에게 다가와 환히 웃으며 말을 걸었다. 그렇게 두 살 된 아기가 사람들의 마음을 여는 작은 열쇠가 되는 장면을 우리는 셀 수 없이 많이 보았다. 그럴 때마다 놀라움과 감사로 하나님이 인도하시는 길을 찬양하지 않을 수 없었다.

우리는 처음에 언어가 통하는 조선족 유학생들을 대상으로 사역을 시작했다. 매주 주일이면 학생들을 집으로 불러 함께 식사를 하고, 찬양하고, 말씀을 나누며 시간을 보냈다. 그런데 어린 아이가 있으니 분위기가 사뭇 달라졌다. 말씀을 전하려 하면, 아기가 중앙에서 장난치고 재롱을 부렸다. 그러면 사람들의 시선은 자연스레 그에게로 모였고, 분위기는 흐트러졌다.

처음에는 '육아가 사역에 빙해가 되는 건 아닐까?' 하는 마음이 들기도 했다. 하지만 하나님은 우리 생각을 부드럽게 바꾸어 주셨다. 때로는 말씀의 진지함보다 가정의 따뜻함과 웃음이 사람들의 마음을 더 깊이 여는 열쇠가 된다는 것을 깨닫게 하신 것이다. 오히려 학생들은 아기를 보러 우리 집을 더욱 즐겁게 찾았고, 그 안에서 우리의 관계는 더 친밀하고 깊어졌다.

그로부터 2년 후, 하나님은 우리 가정에 또 하나의 소중한 생명, 사랑스러운 딸을 선물로 주셨다. 둘째 역시 생후 몇 달은 장모님께서 돌보아 주셨고, 7개월 무렵 중국으로 데리고 오셨다. 다소 긴장된 마음으로 딸을 보듬었다. 처음 이삼일은 할머니만 찾고 엄마에게 오래 있지 않았지만 삼사일이 지나자 곧 적응했다. 그렇게 네 식구가 모두 선교지에 모여, 본격적으로 가정 선교의 길을 함께 걷게 되었다. 두 사람으로 시작한 가정이 어느덧 두 배가 된 것이다.

중국의 가정교회는 한국 교회처럼 성인 예배와 주일학교가 따로 나뉘어 있지 않았다. 온 세대가 함께 예배를 드리기에 아이들은 단순히 곁에 있는 동반자가 아니라, 예배의 소중한 구성원이자 사역의 동역자였다.

우리 자녀들은 사람들의 마음을 여는 '마스터 키'가 되어 주었다. 심방을 가거나 새로운 이들을 만날 때, 아이들이 함께 있으면 누구나 쉽게 마음의 문을 열었다. 젊은이들은 우리 자녀들과 놀아주고 돌보며 자연스럽게 우리 가정과 연결되었고, 그 안에서 신앙적인 교제가 시작되었다.

우리는 자녀들과 함께 있는 시간이 많았다. 우리 네 식구는 수많은 국적과 연령의 손님들을 집으로 초대해 섬기면서, 한 가족으로서의 연대감이 더 깊고 단단히 세워졌다. 그 모든 과정은 말 그대로 '일석이조', 아니 '일석삼조'의 은혜였다. 하나님의 방식은 언제나 우리의 상상보다 완전하고, 풍성하며, 참으로 따뜻하고 아름다웠다.

물론 모든 일이 언제나 평탄하기만 했던 것은 아니었다. 매일같이 부딪히는 이중, 삼중 언어의 장벽과 문화적 충돌, 의료 인프라가 부족한 곳에서 아픈 자녀를 안고 애타게 병원을 찾던 날들, 불안하고 두렵던

2004년 가족 사진(요섭, 혜진)

순간도 있었다. 그러나 이런 고비마다 우리는 가족이 서로를 더 깊이 붙잡으며 함께 걸어 나갔다. 그 시간들은 자녀들이 장성한 지금까지도 우리 가정을 든든히 지탱해 주는 하나의 귀한 영적 토대가 되어 주고 있다.

돌아보면, 육아와 사역은 따로 떨어진 것이 아니라 늘 하나였다. 우리의 부족함 속에서도 하나님은 더 완전하게 일하셨다. 그것이야말로 선교지에서 우리가 받은 가장 놀라운 선물이 아니었을까 싶다.

03

상하이, 민족의 얼과 예수의 얼이 만나는 곳

상하이는 우리나라 임시정부가 있었던 곳으로, 내게는 유난히 각별한 의미를 지닌 도시다. 국사 시간에 이름으로만 듣던 임시정부 구지(舊址)를 처음 찾았을 때, 내 마음은 말로 다 할 수 없는 흥분과 복잡한 감정으로 가득 찼다. 책 속의 역사가 아니라, 선열들의 숨결이 아직 남아 있는 현장 앞에 서 있다는 사실만으로도 가슴이 뜨거워졌다.

나는 선교사로 헌신하기 이전, 민족의식이 강한 애국 청년이었다. 독립 운동가들의 이야기를 들을 때마다 애국심이 불타올라, 나라를 위해 이 한 몸 바치고 싶다는 사명감과 열정이 마음 깊은 곳에서 솟구치곤 했다. 그런 내가 독립 운동가들이 실제로 활동했던 상하이의 홍커우 공원과 임시정부 터를 직접 마주하게 되자, 감회는 더욱 새로웠고 한국 독립운동사에 대한 궁금증도 더욱 깊어져 갔다.

한국에서 여행이나 탐방 형태로 이곳을 찾았다면, 아마도 자료를 조사하고 둘러보는 데 그쳤을 것이다. 그러나 상하이에 거주하며 살고 있는 사람에게는 달랐다. 이 도시에 스며들어 사는 사람으로서, 역사와 인물들을 보다 직접적이고 생생하게 만날 수 있는 특권이 있었다.

이렇게 상하이의 사람들을 알아가던 어느 날, 상하이 국제교회에서 배준철(裴俊喆) 선생님을 만나게 되었다. 나는 한국에서 온 손님을 모시고 외국인을 위한 통역 예배에 참석했다가 우리 일행을 보시고 반가워 먼저 인사를 건네신 것이 교제의 시작이었다. 이 만남은 내게 그야말로 큰 충격이었다.

당시 배 선생님은 성경을 밀반입했다는 이유로 15년 형을 선고받고, 14년 반을 감옥에서 보내다 병보석으로 막 출소하신 직후였다. 말로만 듣던 '핍박받는 그리스도인'을 처음으로 눈앞에서 마주한 순간이었다. 그런데 이분의 얼굴에는 원망 대신 인자한 미소가 깃들어 있었고, 품위와 평안이 느껴졌다. 우리 아이들을 유난히 예뻐해 주셔서, 그 후로는 서로의 집을 오가며 자연스러운 교제를 나누게 되었고 이분이 돌아가시기까지 가장 가까이서 아버지와 아들처럼 많은 정을 나누었다.

이분에게서 들은 이야기들은 살아 있는 한국 근현대사 그 자체였고, 집에 보관된 자료들은 독립기념관에 전시되어도 손색이 없을 만큼 귀중한 것들이었다. 배 선생님은 일제강점기, 임시정부 산하에서 민족교육의 요람 역할을 했던 '인성학교(仁成學校)' 출신이었다.

인성학교 전신은 '상하이 한인 기독교 소학교'였고, 당시 상하이 한인교회는 한인 사회의 중심 역할을 하며 교인이 300명에 이를 정도로 많은 인재들이 모였다는 사실도 이분에게서 처음 알게 되었다. 상하이 한인교회는 임시정부가 세워신 후에도 임시정부와 한인사회의 가교 역할을 하며 김구, 이승만, 안창호, 여운형 등 독립운동 지도자들이 교회를 발판으로 활동할 정도로 당시 한국 근현대사에 매우 중요한 역할을 했지만 이 사실을 아는 사람은 많지 않다.

배 선생님은 앨범 속에서 보이스카우트 활동을 하던 시절의 사진을 자랑스럽게 보여 주시기도 했다. 다섯 개 언어를 구사하실 만큼 선진

교육을 받으신 분이셨고, 당시 우리나라의 현실과 비교하면 상상하기 어려울 정도로 높은 수준의 삶을 살고 계셨던 분이었다.

배 선생님은 방지일 목사님 부친이신 방효원(方孝元) 목사님께 세례를 받고 기독교인이 되신 후, 선교사들과 성경을 중국으로 들여오는 위험한 일을 마다하지 않으셨다. 결국 누군가의 밀고로 체포되어 가장 무거운 형벌인 15년형을 선고받았다. 함께 수감되었던 이들은 하나둘 풀려났지만, 그는 '가장 악질적인 인물'로 분류되어 14년이 넘는 세월을 감옥에서 보내야 했다. 그로 인한 가족들의 고통은 이루 말할 수 없었다. 특히 큰딸은 결혼을 미룬 채 아버지의 옥바라지를 감당했다. 훗날 그 딸이 선교차 오신 일본 목사님께 세례를 받고 그분과 결혼하여 사모가 되었다는 이야기를 들었다. 하나님께서 그 헌신과 눈물을 기억하시고 결국 선으로 갚아 주시는 것을 보며 감사와 감탄이 절로 나왔다.

배준철 선생님의 고난에 대해서는 『광야에 세우는 십자가』 제1부 3장 '십자가와 고난' 에 이미 기록했기에 여기서는 자세히 다루지 않으려한다. 대신 그 책에서는 담지 못했던 이야기를 나누고 싶다.

사실 이 모든 교제의 시간 동안 나는 전혀 알지 못했다가 십수년이 지난 후에야, 배 선생님이 상하이 독립운동 단체에서 부대장으로 활동했던 독립운동가였다는 사실을 알게 되었다. 이분은 자신의 독립운동 경력에 대해 한마디도 꺼내지 않으셨다. 소천하신 뒤, 손자가 할아버지의 42년간 일기와 사진 자료를 독립기념관에 기증했다는 언론 보도를 통해 이 사실이 세상에 알려졌다. 이 자료들은 1930년대 일제강점기 후반 상하이 한인사회를 복원할 수 있는 1급 사료가 되었다.

더욱 놀라운 사실도 있었다. 윤봉길 의사의 훙커우 공원 의거(1932. 4. 29) 이후, 일본 영사관 경찰의 불신 검문이 극에 달했을 때였다. 도산

안창호 선생에게 비밀 전갈을 전달할 사람이 필요했는데, 김구 선생은 의심받지 않을 소년에게 이 일을 맡겼는데, 그 소년이 바로 열네 살의 배준철이었다. 이 사실 역시 생전에는 전혀 알지 못했다가, 훗날 보도를 통해 알게 되었을 때 받은 놀라움과 충격은 이루 말할 수 없었다. 어린 나이에도 담대함과 책임감을 지녔던 소년이었기에, 장성한 후에도 성경 밀반입이라는 생명을 건 사역에 자발적으로 헌신할 수 있었으리라 …!

상하이는 국적을 잃은 우리 선조들의 눈물과 피가 스며 있는 땅이다. 그 어둡고 절망적인 시대 속에서 교회는 피난처이자 요새였고, 용사와 교육자를 길러내는 훈련장이었다. 예수를 믿고 따르던 용감한 제자들은 말씀을 사모했고, 자신이 살던 시대에 가장 절실했던 사명을 위해 기꺼이 생명까지도 내어놓았다.

이처럼 숭고한 신앙과 희생이 살아 숨 쉬는 땅, 상하이에서 나는 민족의 얼과 예수의 얼을 함께 품은 십자가의 제자로 부르시고 훈련하시는 하나님의 깊은 인도하심을 느끼게 되었다.

독립운동가이자 고난의 종, 배준철 선생 부부와 기숙사에서

04

역사를 알아야 올바른 방향으로 나아갈 수 있다

"기독교인이 한 명 늘어나면 중국인이 한 명 줄어든다."

이 말을 처음 접했을 때의 충격은 아직도 선명하다. 그것은 중국인이 저술한 기독교 관련 서적에서 나온 문장이었다. 왜 이런 말이 나왔을까 하는 질문이 내 마음에 깊이 남았고, 그 물음은 이후 중국의 기독교 역사를 공부하게 되는 중요한 출발점이 되었다. 이 과정에서 나는 한국에서는 쉽게 접하지 못했던 전혀 다른 관점의 전환을 경험하게 되었다.

사실 처음 대학원에 진학할 때만 해도 학업은 신분을 유지하기 위한 수단 정도로 여겼고, 마음은 늘 복음을 전하는 사역에 가 있었다. 역사학과 대학원을 선택하게 된 것도 깊은 고민의 결과라기보다는, 당시 중국어를 가르쳐 주던 선생이 역사학과 대학원생이었기에 자연스럽게 이어진 선택이었다. 그러나 시간이 지나 돌아보니, 이 모든 과정이 내게 꼭 필요한 시점에 예비된 하나님의 인도였음을 고백하지 않을 수 없다.

중국어로 중국의 방대한 역사를 공부하는 일은 결코 쉽지 않았다.

그러나 그 치열한 과정 속에서 현지의 교수들과 동료 학우들, 그리고 친구들을 만날 수 있었고, 그 관계는 30년이 지난 지금까지도 이어지고 있다. 이것이 어찌 하나님의 선물이 아니겠는가?

중국인은 한국인에 비해 관계를 맺는 데 시간이 오래 걸린다. 처음에는 좀처럼 마음을 열지 않고 무뚝뚝하거나 차갑게 보이지만, 시간이 흐르며 신뢰가 쌓이면 비로소 '친구(朋友)'가 된다. 그리고 이렇게 맺어진 관계는 진국처럼 깊어져, 몇 년간 연락이 끊어져도 쉽게 변하지 않는다. 나는 이 사실을 삶으로 경험했다.

역사학과에서 내가 선택한 논문 주제는 중국 근현대사 시기의 기독교였다. 선교사라는 정체성을 드러내기 어려운 분위기 속에서 매우 대담한 선택이었다. 그러나 감사하게도 학교는 나를 의심하기보다 학문적으로 새로운 시도라고 평가해 주었다. 믿음으로 요단강에 발을 내디뎠을 때 길이 열린 것과 같은 기적이었다.

중국의 기독교 역사를 본격적으로 공부하면서 한 가지 분명히 알게 된 사실은, 중국 사회에서 해외 선교사들에 대한 평가가 매우 부정적이라는 점이었다. 이를 단순히 "무신론 공산주의 체제이기 때문"이라고 단정짓기에는, 그 역사적 근거들이 너무도 분명했다. 중국 근현대사를 더 깊이 들여다볼수록, 나는 이전에는 거의 생각해 보지 않았던 '중국 내지인의 시선'으로 선교사의 선교 활동을 바라보게 되었고, 그 과정에서 마음의 불편함을 피할 수 없었다.

당시의 선교는 오늘날처럼 개교회나 개인 선교사가 독립적으로 수행하는 경우는 없었다. 대부분이 이른바 '기독교 국가'의 후원을 받는 선교회와 교단을 통해 선교사를 파송하였고, 이는 당시의 정치 상황과 밀접하게 맞물려 있었다. 서구 열강이 중국을 식민지로 삼기 위해 총력을 기울이던 시기였고, 아편전쟁 이후 중국은 사실상 반(半) 식민지 상태에 놓여 있었다. 이러한 상황 속에서 제국주의 국가들은 선교사와 교회에 각종 특혜를 부여했고, 기독교인이 되면 치외법권을 누릴 수 있었다. 이 때문에 "중국에서 기독교인이 한 명 늘어나면 중국인이 한 명 줄어든다"는 비판적인 말이 나오게 된 것이다.

불행하게도 중국에 가장 열심히 선교사를 파송했던 서구 국가들은, 동시에 중국을 가장 심하게 수탈했던 나라들이었다. 중국인의 입장에서 '선교사 = 제국주의의 앞잡이'라는 인식이 형성될 수밖에 없는 역사적 맥락이 분명히 존재했던 것이다.

많은 경우 교회는 선교를 이야기할 때, 선교지와 본국 간의 정치·사회적 관계를 깊이 고려하지 않은 채 복음 전파 및 사회사업 등에만 집중한다. 20세기 서구 선교사들 역시 자신들의 선교 활동이 더 큰 정치적·사회적 구조 속에서 이루어지고 있다는 사실을 충분히 인식하지 못했다. 그 결과, 선교사 개인은 순수한 믿음과 희생으로 사역했을지라도, 정치적으로 이용당하거나 자신도 모르게 왜곡된 흐름에 참여하게 되는 일이 발생했다. 당시 중국어에 능통하고 중국 문화를 가장 잘 이해하던 이들이 선교사였기에, 불평등조약 체결 과정에서 통역으로 참여했던 사례가 이를 단적으로 보여 준다.

중국 선교의 첫걸음을 내딛는 시점에서, 중국인의 시각으로 중국 기독교 역사를 깊이 살펴볼 수 있었던 것은 내게 참으로 다행스럽고 유익한 일이었다. 역사를 바로 아는 일은 올바른 방향을 설정하는 일과 직결된다. 속도보다 중요한 것은 방향이기 때문이다.

05

잊힌 기독교 유적지, 서부로의 부르심

중국 기독교 역사를 공부하면서 마주하게 된 놀라운 사실이 또 있다. 천삼백 년 전, 이미 중국 땅에 복음이 들어와 200여 년간 번성했던 기독교 역사. 그것이 중국에서는 '경교(景敎)'로 알려지고, 서방 신학계에서는 '네스토리우스파'로 분류되는 비주류 종파의 이야기였다.

5세기, 콘스탄티노플의 대주교였던 네스토리우스는 예수의 신성에 대해 양성(兩性)론 ―인성과 신성이 분리된― 을 주장함으로써 당시의 에베소 공의회(431)에서 이단 판정을 받았다. 하지만 오늘날 학계에서는 점점 네스토리우스의 이단 판정은 신학 자체만의 문제라기보다는 당시의 기독교 계파 간의 세력 다툼이 영향을 미친 것으로 보는 관점이 힘을 얻고 있다.

그러나 내 마음을 사로잡았던 것은 이런 신학적 논쟁이 아니었다. 광야로 내몰리고, 낯선 땅으로 밀려나며 천 년이 넘도록 복음을 붙든 그들의 삶. 기득권에 쫓겨 생명의 위협 속에서도 페르시아를 지나 중앙아시아 사막을 넘고, 마침내 중국 대륙에까지 닿았던 그들의 발걸음이 내 눈 앞에 선명히 그려지는 듯했다. 그때 나는 외국인 선교사로서 하나님을 모르는 이방인의 땅에서 살아간다는 것이 얼마나 외롭고 막막한 일인지, 몸으로 절실히 느끼고 있는 중이었다. 그래서일까, 그들의 이야기는 내게 더없이 깊은 감동과 경외감을 안겨주었다.

그 무렵, 또 다른 역사 속 이야기가 내 마음을 흔들었다. 20세기 초, 중국의 평신도들이 중심이 되어 일으킨 '복음의 서진(西進) 운동', 이른바 '백투 예루살렘' 운동이었다. 샨둥성과 샨시성에 있던 '예수 공동체'와 '서북 영공단(靈工團)'의 발자취를 따라 그 땅을 직접 밟고, 그 시대를 살았던 이들의 후손에게서 간증을 들을 때 가슴이 뜨거워졌다. 마치 물이 높은 곳에서 낮은 곳으로 흘러가듯, 하나님의 마음은 언제나 열악하고 소외된 이들을 향해 흐른다는 것이 마음 깊이 새겨졌다.

그 즈음에, 한 중국인 형제가 기독교 라디오 방송에서 들었다며 전해준 이야기가 있었다. 중국 고비사막, 중앙아시아로 이어지는 길목에서 유골과 함께 일기장이 발견되었다는 것이다. 세월에 닳고 헤어진 종이 위에는 이러한 문장이 남아 있었다고 한다.

"누가 이 일을 이어서 지속할 것인가?"

아 … 바로 이들이 '백투 예루살렘'의 서북 영공단들이었구나! 형언할 수 없는 숙연함과 깊은 감동이 내 마음을 때렸다.

그렇게 세월이 흘러, 우리가 중국에 온 지도 어느덧 10년이 되던 해였다. 그 무렵 우리는 큰 결단을 내렸다. 이제는 동부를 떠나 일찍이 천여 년 전에 십자가가 전해졌던 땅, 사도들과 같은 주의 제자들이 성령이 지시를 받아 십자가 행진을 했던 서부로 옮겨가야 한다는 강한 부르심이 마음을 가득 채웠다.

이사를 가던 날, 우리 가족은 14시간 넘게 침대 기차에 몸을 실었다.

당시 초등학교 4학년과 1학년이던 아들딸은 정든 학교와 친구들과 갑작스럽게 작별을 해야 했다. 그 모습을 지켜보는 부모 된 우리의 마음도 많이 쓰라렸다. 기차 안에서 아이들이 애원하듯이 물었다.

"아빠, 그냥 혼자 출장 가면 안 돼요? 왜 우리까지 같이 이사 가야 해요?"

나는 잠시 생각하다가 조용히 창밖을 가리켰다. 몇 시간째 펼쳐진 황량한 들판 위엔 십자가 하나 보이지 않았다.

"지금까지 몇 시간 넘게 달려왔는데 … 교회 십자가를 본 적 있니?"

"아니요!"

"우리가 살던 곳엔 그래도 교회가 있었잖아. 그런데 이곳엔 교회가 하나도 없단다. 아직 하나님을 모르는 사람들이 너무 많아. 그래서 우리가 가는 거야. 하나님을 전하기 위해서 …"

그날 우리는 기차 침대칸 작은 테이블 위에 일기장을 펼쳐 놓고, 각자 지금의 마음을 글로 적어 보게 했다. 그때 4학년 큰아들이 눈물이 마르지 않은 채로 써 내려간 글 중 마지막 문장이 우리 마음을 뭉클히게 했다.

"… 지금 우리는 교회가 하나도 없는 곳에, 하나님을 모르는 사람들에게 복음을 전하러 간다. 나도 꼬마 선교사다!"

서부 외진 지역을 찾아가 복음을 전할 때 기뻐하는 모습

이 얼마나 아름다운 고백인가! 어린아이의 입술을 통해 하나님께서 우리에게 다시 말씀해 주시는 것 같았다.

선교는 한 사람의 소명이 아니다. 가족 모두가 함께 부름을 받은 길이다. 나와 아내는 자원해서 선교의 길을 선택했지만, 자녀들은 영문도 모르고 부모를 따라 이 길을 따라와야 했다. 사랑하는 친구들과 갑자기 작별하고, 낯선 언어와 문화 속에서 외로움과 단절을 견뎌야 했던 아이들에게 마음깊이 미안하고 또 감사하다. 그들의 순종과 희생 위에 하나님께서 가장 좋은 것으로 갚아 주시리라 믿는다.

그렇게 네 식구가 함께 서부로 옮겨가면서 본격적인 서부 선교 사역이 시작되었다. 동부에 살던 시절에는 나 혼자, 혹은 몇몇 현지 형제들과 수백, 수천 킬로미터를 달려 서부를 다녀오곤 했다. 길게는 한두 달, 짧게는 닷새를 다녀오는 여정이었는데, 체력도 시간도 많이 소모되는 일이었다.

그런데 우리가 서부의 중심지로 이사한 뒤에는 이동 거리가 크게 줄었다. 심리적인 거리도 훨씬 가까워졌다. 그래서 때때로 가족 모두가 함께 사역지에 들어갈 수 있는 기회도 생겼다.

어린 자녀들이 함께 가면 낯선 사람들의 마음도 자연스럽게 열렸다. 아이들이 주는 순수함과 해맑은 웃음은 어떤 설교보다 깊이 스며드는 복음의 통로였다.

나는 더 서쪽의 광야와 고원 지대를 찾아 다녔고, 아내와 아이들은 집 가까운 곳에서 젊은이들과 삶을 나누며 복음을 전했다. 그렇게 우리 가족의 삶 전체가 '복음'의 통로가 되었다. 어디에 있든, 누구를 만나든, 우리는 가족이 하나되어 주님의 부르심 안에서 서부 선교의 길을 함께 걸어가기 시작했다.

06

음악반 사역을 통해 가족을 더해 주심

서부로 이사한 지 몇 달 되었을 무렵, 하나님은 아내에게 새로운 사역의 문을 여셨다. 하루는 현지 가정교회의 한 지도자가 우리 집에 방문하여 차를 나누며 담소를 나누고 있을 때였다. 그때 아내가 피아노를 연주하고 아이들이 바이올린과 첼로로 소박하게 피아노 삼중주를 했다. 이 모습을 지켜보던 지도자의 눈빛이 어느 순간 놀라움과 감동으로 빛나더니, 다소 흥분된 목소리로 말했다.

"우리 청년들을 위한 음악교실을 열고 싶은데, 신앙을 가진 선생님을 위해 기도하고 있었습니다. 혹시 도와주실 수 있을까요?"

아내는 그 말을 듣자 마음 깊은 곳에서 하나님의 부르심으로 와닿아서 조금도 망설임 없이 기쁘게 받아들였다. 그렇게 시작된 것이 바로 음악반 사역이었다.

그 무렵 나는 이미 몇 해 동안 중국 전역을 다니며 현지 동역자들과 집회를 인도하고 가정교회를 섬기고 있었지만, 정작 우리가 살고 있는 지역 교회들과는 가까운 관계를 맺지 못하고 있었다. 그러나 아내가 시작한 음악반을 통해 자연스럽게 나와 자녀들까지 그 지역 가정교회들과 연결되기 시작했고, 우리는 어느새 그들과 가족같은 유대를 나누게 되었다.

처음 찾아간 교회는 20평 남짓한 작은 아파트였다. 50여 명의 성도가 모여 예배드리던 곳이었는데, 의외로 청년들이 많이 있었다. 우리 집에 다녀갔던 교회 지도자는 머리가 희끗했지만 여전히 청년 사역에 깊은 열정을 품은 분이었다. 그는 과거 복음 때문에 옥고를 치른 적이 있는 믿음의 용사였고, 아내는 중국 선교 역사에 이름이 남을 만한 기독교 가문 출신이었다. 그들의 소박하면서도 굳건한 믿음과 겸손한 태도의 섬김은 우리 부부의 마음을 깊이 울렸고, 이렇게 우리는 그들과 아름다운 동행을 시작했다.

첫 음악반은 기타 교실이었다. 한국에서 대학생 선교단체 간사로 있었던 아내는 단순히 악기만 가르치지 않았다. 학생들의 삶에 진심으로 귀 기울이며 멘토가 되어 주었다. 한 학기가 끝나면 우리 집에 학생들을 불러 따뜻한 식사와 교제를 나누었고, 자연스럽게 신앙 공동체의 향기를 경험하게 했다. 대부분 비기독교 가정 출신이거나 아직 믿음이 여린 청년들이었기에, 말로만 가르치는 것보다 그들에게 기독교 가정의 모습을 보여 주고 싶었다.

1년이 지나 성탄절이 되었을 때, 우리는 기타 발표회를 계획했다. 이것은 그 교회가 외부를 향해 문을 여는 첫 시도였다. 공안의 감시를 피해 한국 선교사의 도움으로 식당 2층 홀을 빌려 친구 초청 집회를 준비했다. 이런 행사 기획이 처음인 청년들은 어색함 속에서도 용기 있게 준비에 참여했고, 서툴지만 1년 동안 갈고 닦은 기타 실력을 발표하며 찬양하는 모습은 모두에게 감동과 기쁨을 선사했다.

한국에서 늘 하던 찬양집회를 이들에게 처음으로 경험하게 한 그 순간을 잊을 수 없다. 초등학생인 우리 자녀들도 크리스마스 성극에 참여해 무대에 올랐고, 마지막에는 전도사의 말씀과 초청을 통해 열 명이 넘는 이들이 예수님을 영접하였다! 그날의 감격은 지금도 우리 마음에 선명히 남아 있다.

이후 기타반은 더 많은 청년들로 붐볐고, 이어서 키보드반과 드럼반도 개설되었다. 해를 거듭하면서 키보드 초급반과 드럼반을 이끌 수 있는 청년 교사들이 세워졌고, 아내는 점차 키보드 고급반과 졸업생 반을 맡아 더 깊이 있는 지도를 하게 되었다.

처음 한 교회에서 15명으로 시작한 음악반은, 10년이 지나면서 주변 20여 개 교회에서 온 수강생들로 규모가 커졌고, 누적 수강생은 300명을 훌쩍 넘었다. 이들은 대부분 반주자가 없는 가정교회에서 귀한 찬

키보드 반 수업

양의 일꾼으로 세워졌고, 각 가정에서는 악기를 통해 웃음과 화목을 누리는 기쁨을 맛보았다. 처음에 아내는 기타를 배우는 것이 더 효율적이라 권했으나, 시간이 지나며 남학생들은 기타를, 여학생들은 여전히 피아노를 더 사랑한다는 것을 알게 되었다. 피아노는 시간이 많이 걸리고 진전도 별로 없는데 … 하며 고민에 빠졌던 아내에게 영감을 준 사건이 있었다.

2008년 사천 대지진 이후, 중국 TV에서 방영된 다큐멘터리를 보던 아내는 한 장면에서 깊은 감동을 받았다고 했다. 지진으로 다리를 잃은 중학생들이 휠체어에 앉아 기타를 연주하는 모습이었다.

그들을 1년간 가르친 음악 선생 덕분에 아이들은 절망 속에서도 작은 희망을 붙잡을 수 있었다. 그 중 한 여학생이 기타를 꼭 끌어안으며 말했다.

오픈 하우스를 겸한 종강 파티

2006년 1회 기타반 종강식

"기타는 내 유일한 친구이자 위로였어요."

그 장면은 아내에게 교육의 진짜 목적이 무엇인지 다시금 일깨워 주었다. 그러면서 음악반 교육의 목적에도 변화가 생겼다. 반주자로 세우는 것만이 목표가 아니라, 그저 악기를 배우는 자체가 어떤 이에게는 삶에 큰 위로와 활력이 될 수 있다는 사실을 깨닫게 된 것이다.

그때부터 아내는 더 유연한 마음으로 학생들을 바라보았고, 기회가 있을 때마다 그들의 교회와 가정을 직접 찾아갔다. 이렇게 음악반 사역은 점차 그들의 삶 전체로 확장되었다.

대학생이던 제자들이 나이가 들어 결혼을 준비하며 우리에게 '결혼 예비학교'를 부탁했다. 다섯 번 만나 결혼한 우리 부부에게 그런 것을 맡기다니 … 우리는 결혼 예비학교 같은 거 해본 적이 없다고 했다. 그럼에도 그들은 우리 부부가 "가장 적합한 분들"이라며 간절히 부탁했고, 우리는 그 덕에 새로운 기쁨을 배우며 결혼 예비학교 과정을 준비했다.

과정을 마치며 우리 부부는 종강 여행을 제안했다. 장소는 그들 중 한 자매의 고향으로 심방을 겸해 사막 여행을 다녀오기로 했다. 침대 기차를 처음 타본다며 들뜬 얼굴로 여행하던 그들과 우리 자녀들이 함께한 그 시간은 지금도 마음을 따뜻하게 하는 귀한 추억이다. 그 여행 길에서 마음으로 기도했다. 언젠가 이들이 우리 나이가 되었을 때, 또 다른 세대를 이렇게 섬기는 사람들이 되게 해달라고!

이들의 결혼식에 초대받아 참석할 때마다 영적인 부모가 된 듯한 감격을 느꼈다. 청년들 대부분이 고향을 떠나 오랜 기간 부모님과 떨어져 생활하였기에, 먼 곳에서 오신 부모님이 결혼식장에서 손님처럼 앉아 계시는 모습을 보니 마음이 아팠다. 우리는 부모님의 손을 꼭 잡아드리며 "귀한 자녀를 이렇게 잘 키우셨습니다. 이제 저희가 가까이에서 도와드리겠습니다"라고 말했다. 이 말은 형식적인 위로가 아니라 진심이었다. 그러면 다소 긴장했던 그분들의 얼굴이 미소로 바뀌며 손을 꼭 쥐셨다.

2018년 마지막으로 가진 음악반 졸업식

결혼한 그들이 아이를 낳자 이번에는 아내에게 '아기학교'를 부탁했다. 이렇게 우리는 그들의 삶에서 가장 중요한 여정들을 거의 10년 가까이 함께 동행하는 은혜를 누렸다. 실제로는 그들의 부모보다 더 가까이에서 성장을 지켜보며 함께 울고 웃으며 기도할 수 있었다.

지금 이 청년들은 모두 가정을 이루어 살아가고 있고, 여전히 우리와 연락을 주고받는다. 참 신기하게도 중국에 한 자녀 정책이 풀렸다 해도 여전히 한 자녀 가정이 많은데 이들은 대부분 둘, 셋의 자녀를 낳았다. 이 소식을 들을 때면, 우리와 함께했던 가정의 경험이 그들의 삶에 깊게 새겨진 열매라는 생각이 들어 마음이 벅차올랐다.

세월이 더 흘러 그들은 어느덧 40대에 접어들었고, 우리는 60대가 되었다. 여전히 자유롭게 신앙을 나누기 어려운 환경이지만, 영적 부모와 자녀로 맺어진 관계만큼은 변함이 없다. 간혹 한국에서 그들 중 몇 사람을 만날 기회가 있었는데, 사회와 교회에서 중추적인 세대로 자리 잡아 가정과 직장, 그리고 교회 안에서 신실한 그리스도인으로 살아가는 이야기를 들을 때 우리의 기도가 응답되었음을 느낀다.

돌이켜 보면 모든 것이 주님께서 주신 은혜였다. 우리의 작은 순종을 통해 이렇게 풍성한 열매를 보게 하신 하나님께, 가슴 벅찬 감사가 마음 깊은 곳에서 흘러나온다.

07

광야로 가라

아내는 가정을 돌보고 집 가까운 지역에서 사역을 병행하며 이웃과 삶을 나누었고, 나는 자주 서부의 깊숙한 오지로 발걸음을 옮기곤 했다. 주님이 내게 보여주신 이상을 따라, 땅끝을 향해 조금씩 전진하는 걸음이었다.

중국 서부 지역, 이른바 '실크로드'는 고대 당나라 수도 장안(長安, 오늘의 西安)에서 시작해 깐수(甘肅), 칭하이(靑海), 신장(新疆)을 지나 서쪽 파미르 고원과 국경 도시 카슈가르에 이르기까지, 무려 4,000km에 달하는 장대한 여정이다. 그 길 위에는 투르판의 화염산, 거대한 고비사막과 타클라마칸 사막이 펼쳐지고, 끝없이 이어지는 모래 언덕과 자갈밭은 생명조차 머물기 어려운 극한의 자연환경으로 우리를 압도한다.

나는 여러 차례 이 광야와 사막을 오갔다. 성경에 나오는 장소는 아니지만, 놀랍게도 이곳에는 이스라엘의 광야를 떠올리게 하는 풍경이 곳곳에 숨어 있었다. 양떼를 몰고 떠도는 유목민들 모습은 마치 미디안 광야를 걷던 모세의 뒷모습을 보는 듯했고, 물맷돌을 들고 양을 치는 장족(藏族) 목동의 손에는 다윗의 그림자가 어른거렸다. 가이드의 말처럼, 지금의 이스라엘에는 더 이상 목동이 없다고 해도, 이곳 광야에는 아직도 옛날 그대로의 생활 양식대로 살아가는 사람들이 있었다.

사람의 발길이 닿지 않는 침묵의 땅, 광야 한가운데 서면 오히려 주님의 임재가 더 선명하게 다가온다. 모든 소음이 사라지고, 세상의 속삭임이 멈춘 그곳에서 나는 자주 한 장면을 떠올리곤 했다.

광야를 걷던 모세, 그리고 그 앞에 타오르던 꺼지지 않는 떨기나무의 불꽃. "네가 선 곳은 거룩한 땅이니, 네 발에서 신을 벗으라."(출 3:5) 그 장면이 내 마음 깊은 곳에서 되살아난다.

"신을 벗어라."

신발은 더러움, 내 권리, 내 고집을 상징한다. 신발을 벗는다는 것은 "나는 주님 앞의 종입니다"라고 고백하는 일이다. 그리고 바로 그 자리에서 사명이 시작되었다.

'들어가면 나올 수 없다'는 뜻을 지닌 위구르 자치구의 타클라마칸 사막

오늘 우리에게도 주님은 말씀하신다.

"너의 신발을 벗어라!"

벗어야 보인다. 벗어야 들린다. 벗어야 하나님이 길이 되신다. 내 방식, 상처, 두려움, 교만 … 우리가 지니고 있던 신발을 내려놓을 때, 하나님은 우리에게 해야 할 일을 보여주신다. 거룩은 멀리 있지 않다. 주님 앞에서 신발을 벗는 바로 그 순간, 우리의 발밑이 거룩한 땅이 된다.

나에게 중국의 광야는 바로 호렙산이었다. 하나님께서 부르시는 자리, 그분의 임재가 머무는 땅, 그곳에서 나는 '서진(西進) 선교'라는 불꽃 같은 비전을 마음에 품게 되었다.

아직 동부 연안 지역에 머물고 있던 어느 날, 기도 중에 중국 지도가 내 마음에 한눈으로 들어왔다. 그런데 이상하게도 그 지도가 마치 생명을 품은 어미 닭처럼 보였다. 상하이(上海)를 포함한 동부 연안은 닭의 배, 한반도는 생명의 양식을 먹이는 부리처럼 뻗어 있었고, 신장과 중앙아시아를 향한 뾰족한 서북 변경지대는 암탉의 꽁지처럼 보였다.

중국은 '복음을 품은 암탉'이다. 동쪽에서 생명의 알을 품고, 그 알을 서쪽으로 낳아 전하는 사명을 지닌 나라. 이 다소 엉뚱하고 우스꽝스러워보일 수 있는 비선이 나에게는 단순한 상상이 아니었다. 지도가 펴질 때마다, 하나님은 나와 현지 형제자매들의 마음 속에 '복음의 서진(西進)'이라는 불씨를 일으키셨다.

"중국의 동부에 복음이 깊이 심기면, 이 땅은 서북으로 생명을 낳게 될 것이다."

이 말씀은 내 안에 잊히지 않는 울림으로 맺혔다.

나는 복음을 받아들인 동부의 헌신자들과 함께 서쪽 땅을 여행하며 사명을 일깨웠다. 처음에는 광야와 사막, 낯선 소수 민족들과의 거리감에 그들 대부분이 당황하고 두려워했지만, 수년의 시간 속에서 그들도 점점 선교를 향한 길에 마음이 열리기 시작했다.

하나, 둘 … 동쪽 끝에서 수천 킬로미터 떨어진 서부 땅으로 나아가는 젊은이들이 생겨났다. 그들은 오직 하나님만을 의지하며, 말 그대로 '믿음 선교(faith mission)'의 길을 선택했다. 마치 암탉이 생명을 품듯, 그들은 눈물로 기도하고 기도로 걸으며 복음으로 길을 냈다. 우리 부부는 그들을 파송하며, 하나님의 공급하심을 믿고 그들을 따뜻하게 안아 주었다. 그리고 그들의 여정을 영적으로 지켜보며, 부모와 같은 마음으로 멘토가 되어 주었다.

그 중 한 형제는 벌써 20년이 넘도록 변함없이 티벳의 장족을 향한 선교에 헌신하고 있다. 지금은 이 분야의 전문가가 되어, 누구보다 깊이 그 종족의 마음과 문화를 품고 있다. 얼마나 감격스럽고 자랑스러운지 모른다.

오랫동안 중국은 선교의 대상이었다. 그러나 이제 중국은 더 이상 단순한 피선교국이 아니다. 주님은 중국이라는 나라를 혹독한 시련과 훈련의 용광로 속에서 복음을 품는 '어미 닭'으로 빚어내고 계신다.

중국은 생명을 품고 있다. 그리고 그 생명을 서쪽으로, 중앙아시아로, 서아시아로, 실크로드를 따라 유럽을 향해 … 하나님의 부르심에 따라 전하기 시작하고 있다. 비록 그 길에 장애물이 있을지라도 하나님의 생명의 역사는 결코 멈추지 않을 것을 믿는다.

08

선교의 유산, 두 개의 지팡이

현지인 형제와 함께 신장성 우르무치의 오래된 한 예배당을 찾았다. 놀랍게도 메마른 서부지역 한가운데, 오아시스처럼 선교의 불씨가 꺼지지 않고 여전히 살아 있음을 눈으로 확인할 수 있었다. 함께 간 형제가 수십년 동안 이 교회를 섬겼던 연세가 여든쯤 되어 보이는 장로님께 나를 소개했다.

"이 형제는 한국에서 왔습니다. 중국 기독교의 역사, 특히 서진 선교에 큰 비전을 품고 중국 서부지역을 두루 다니고 있습니다."

작은 방에서 따뜻한 차를 나누며 믿음의 교제를 나누던 중, 연로한 장로님이 자리에서 일어나 안쪽에서 지팡이 하나를 가지고 오셨다. 그리고는 이것을 조심스레 내 손에 쥐어 주시며 말씀하셨다.

"이 지팡이는 우리 교회의 순교하신 목사님 유품입니다. 그분은 서북 영공단의 단원이셨지요. 지금도 그분의 기도가 이 땅 위에 맴돌고 있습니다. 우리는 이제 나이가 들어 이 사명을 다 감당하지 못합니다. 이 지팡이를 … 당신께 맡기고 싶습니다."

그 순간, 심장이 쿵 내려앉는 듯했다. 서북 영공단(靈工團)이라니! 그것은 1920년대 중국에서 중국인들에 의해 시작되어, 1940년대에 체계화된 무슬림 지역 선교운동, 백투 예루살렘 운동을 이끈 바로 그 단체였다. 해외 선교사 주도가 아닌, 오직 복음의 감동과 순전한 믿음에 사로잡힌 중국 그리스도인들이, 극심한 가난과 박해에도 불구하고 황량한 사막을 넘어 서북의 이슬람 지역으로 복음을 들고 나아갔던 복음의 행진이었다.

그러나 중국의 공산화 물결 속에서 그 대열은 무참히 꺾였다. 많은 영공단원들이 체포되어 고문당했고, 어떤 이는 복음의 씨앗이 되어 흙속에 묻혔다. 그들 중 다수의 무덤이 바로 이곳, 우르무치에 있다!

비록 그들은 역사 속에 묻혔을지 몰라도, 그들이 붙들었던 불씨는 결코 사라지지 않았다. 그 지팡이를 받아든 나는 더 이상 나의 길을 걷고 있는 것이 아니었다. 그들의 길 위에 내 발을 디딜 뿐이었다.

"주여, 그 길 위에서 당신의 마음을 배우고, 당신의 눈물로 나의 눈을 씻으며,
복음의 생명을 품는 자로 살게 하소서 …."

내게는 또 하나의 선교적 유산, 지팡이가 있다.

그것은 한국의 중국 선교 역사에서 빼놓을 수 없는 인물, 방지일 목사님께 물려받은 지팡이다. 2007년, 중국 선교 200주년을 기념하여 마카오에서 열린 한국인 선교대회에서 대회를 총괄하여 준비하던 나는 방지일 목사님을 강사로 초청하였다. 선교사들과 교민들이 함께한 그

중국 선교의 대부 방지일 목사님의 지팡이를 물려받다.

자리에, 구순을 넘기신 방 목사님은 단정한 모습으로 참석하셨고, 그분의 입에서 나오는 말씀 하나하나에는 오랜 세월 깃든 복음의 향기가 배어 있었다.

> "나는 공산화 이후, 중국 땅에 남겨두고 온 형제자매들에게 너무도 죄송한 마음이었소. 그래서 차마 중국 땅을 다시 밟지 못했지요."

그분이 그렇게 고백하셨을 때, 내 마음은 숙연해졌다. 그분이 품고 계신 영성을 나도 물려받고 싶다는 마음이 점점 커져갔다. 그 후 한국에 들어갈 때마다 방지일 목사님이 인도하시는 월요일 성경공부 모임에 참석했고, 언젠가 조심스럽게 말씀드렸다.

"목사님 … 엘리사가 엘리야의 겉옷을 물려받은 것처럼, 저도 목사님께서 사용하시던 지팡이 하나를 받고 싶습니다."

목사님은 환하게 웃으시며 세 개의 지팡이를 보여주셨다. 나는 그중 가장 소박해 보이는 것을 골랐다. 그랬더니 목사님은 말없이 고개를 끄덕이시며 말씀하셨다.

"이것이 내가 20여 년 가장 오래 짚었던 지팡이요."

그분은 마치 당신의 뒤를 이어 중국 선교의 사명을 잘 감당하라는 권면과 위로와 축복을 부어주시듯 미소를 머금고 내게 그 지팡이를 넘겨주셨다. 이것은 단순한 지팡이가 아니었다. 복음을 들고 오랜 세월을 걸었던 주의 종의 땀과 눈물, 기도와 인내, 그 모든 신앙의 얼이 배어 있는 선교의 유산이었다.

모세의 손에 들렸던 지팡이처럼 나도 두 개의 지팡이를 받았다. 하나는 중국의 순교자에게서, 또 하나는 한국의 중국선교 대부(大父)에게서!

지금도 이 지팡이를 바라볼 때마다 나는 내가 혼자 걷는 사람이 아니라는 사실을 깨닫는다. 나는 이미 걸어간 믿음의 선배들과 연결되어 있다. 그들이 붙들었던 복음의 불씨, 그들의 기도와 사명은 지금 내 손에도, 내 발걸음에도 함께 타오르고 있다.

오체투지(五體投地)하는 사람들과 십자가의 예수

중국에서 '시장(西藏)'이라 불리는 티벳 자치구는 평균 해발 4-5천 미터의 고원 지대에 자리잡고 있다. 이 티벳 고원은 중국을 넘어 인도, 파키스탄 등 중앙아시아 7개국을 아우르며 멀리 히말라야 산맥까지 연결되어 있는, '세계의 지붕', 지구 최대의 고원이다. 지형이 워낙 험하고 접근이 어려운 탓에, 역사·문화적으로도 독특한 특성을 지니고 있으며, 이곳에서 발전한 티벳 불교는 일반 불교와는 또 다른 깊이와 형태를 띠고 있다.

칭하이성(青海省)과 티벳(西藏) 자치구가 포함된 이 청장(青藏) 고원 지대는 고산 반응이라는 큰 장벽이 있어 누구나 쉽게 드나들 수 있는 곳이 아니다. 보통 사람은 산소를 준비하지 않고 이곳을 여행할 경우 심한 두통과 구토, 심지어 생명을 잃는 위험에 처할 수도 있다. 그럼에도 불구하고, 이곳은 맑고 청정한 하늘, 웅장한 설산(雪山), 황홀할 만큼 순수한 자연으로 가득 찬 땅이다.

티벳의 수도 라싸에는 무려 20만 개가 넘는 불상이 모셔져 있다는 포탈라 궁(宮)이 있다. 숨이 찰 정도로 높은 고지에, 그렇게나 거대한 건축물을 세웠다는 사실 앞에 경외감이 밀려든다. 그만큼 이곳 사람들

중국 티벳 불교 최대 사원으로 라싸에 위치한 포탈라 궁

의 종교심은 뿌리 깊고 열정적이다.

라싸는 티벳 불교 신자들에게 성지로 여겨지며, 수천 리를 걸어 순례하러 오는 이들의 발길이 끊이지 않는다. 그리고 사원 안팎에는 그들의 절대적인 헌신을 보여주는 광경인 오체투지를 어렵지 않게 볼 수 있다.

오체투지(五體投地)는 머리, 두 손, 두 발—몸의 다섯 부위를 모두 땅에 닿게 하여 완전히 엎드리는 수행 방식이다. 그들은 손을 머리 위로 모은 후 가슴에 붙이고, 천천히 몸을 숙여 손바닥과 무릎을 바닥에 붙이며 땅에 엎드린다. 그리고 다시 일어나 또 한 걸음을 내디딘다. 이렇게 절을 반복하며, 며칠 혹은 몇 달 동안 수백, 수천 킬로미터를 이동하는 것이다.

그들의 얼굴을 보면 대부분이 가난한 행색에, 때로는 지체에 장애가 있는 이들도 있었다. 하지만 그들은 이 수행의 길을 영광으로 여긴다.

무릎과 손바닥은 피로 얼룩지고, 보호대는 여러 번 갈아 끼워야 할 정도로 닳아 있다. 먹을 것도 거의 없이, 최소한의 음식으로 연명하며 순례의 길을 나선다.

마침내 도착한 사원에 들어서면, 기도하는 공간에는 손 닿는 곳마다 반질반질하게 발라진 야크 기름의 향이 후각을 자극하고, 컴컴하고 적막한 기도처에서 그들은 긴 수행의 끝을 기뻐하며 감사의 기도를 드린다. 그곳은 그들에게 있어 가장 거룩한 자리이며, 삶의 궁극적 목적지다.

내가 본 바로 이들 대부분은 어떤 깨달음이나 철학적 진리에 이르기 위해서라기보다, 고단한 인생의 굴레에서 구원받기를 바라는 마음으로 이 길을 걷는 듯하다. 어떤 이는 "죽기 전에 오체투지하며 생을 마감하는 것이 가장 복된 일"이라고 말한다. 처음엔 그들의 무지몽매함에 안타까운 마음이 들었지만, 곧 내면 깊숙한 곳에서 들려오는 소리에 멈춰 섰다.

'나는 과연 언제, 하나님 앞에 그렇게 전심으로 엎드린 적이 있었는가?'
'나는 지금, 진정한 제자의 길을 걷고 있는가?'

서진(西進)의 길을 걸으며 나는 이들을 자주 마주쳤다. 광야의 먼지를 안고 천천히, 묵묵히 그러나 분명한 방향을 향해 나아가는 그들. 그들의 뒷모습은 늘 내게 깊은 질문을 던졌다.

'나는 주님의 제자인가?'
'나는 예수님의 십자가를 따르는 자인가?'

오체투지보다 더 깊은 자기 부인(自己否認)의 자국이, 과연 내 삶에 새겨져 있는가? 그들은 자신이 믿는 신을 향해 온몸을 던져 절하고 있는데, 나는 과연 그리스도를 향해 내 삶 전체를 드리고 있는가?

십자가의 길— 그것은 주와 함께 죽고 주와 함께 다시 살아나는 여정이다. 그들의 열심 앞에 한없이 작아졌던 나는, 그 순간 내 영혼을 깨우는 주님의 음성을 들었다.

> "내가 너를 대신해 엎드렸고, 너를 대신해 죽었다. 이제는 너와 함께 걷고 싶다."

그리스도인의 삶은 오체투지의 반복이 아니다. 그러나 주님과 함께 죽고, 주님과 함께 살아난 자로서, 매일의 삶을 예배로 드리는 길이다. 그분이 흘리신 피 위에 내 발걸음을 올려놓고, 그분의 사랑 안에 내 마음을 눕히며 걷는 인생. 그들이 기도로 걷는 길 위에서 나는 그들에게 전하고 싶다.

> "당신들이 그토록 찾아가는 구도의 끝, 그 언덕 위에는 당신을 위해 피 흘리신 예수님이 계십니다. 그분은 더 이상 절하지 않아도 되는 길을 당신 대신 걸으셨습니다. 이제는 그분 안에서 쉴 수 있습니다."

이 고백은 내 가슴속에서 불꽃처럼 타오르며 또다시 복음이 필요한 서부로 나를 이끄는 원동력이 된 것 같다. 그러기에 서부 여행은 늘 나에게 영적 각성과 새로운 힘을 공급해 주었다.

10

고원과 사막에서 드렸던 성찬

칭하이성(靑海省) 고원의 깊은 곳, 해발 2,000 미터를 훌쩍 넘는 곳에 장족(티벳족) 아이들이 머무는 작은 고아원이 있다. 여름이면 시원한 바람과 별빛이 쏟아지는 이 아름다운 고산지대에, 한 쌍의 신실한 전도인 부부가 20여 명의 아이들과 함께 주님의 사랑을 실천하며 살아가고 있었다.

워낙 접근이 어려운 지역이라 정기적인 도움의 손길이 닿기 어려운 곳이었다. 여름철 저녁에는 그래도 시원하고 별빛이 쏟아지는 아름다운 야외에서 즐겁게 식사할 수 있지만 그 짧은 여름이 지나면 사정없이 몰아치는 눈보라와 우박, 강추위로 어린아이들이 생활하기에는 너무나 열악한 환경이었다.

장족 아동을 자녀로 입양하고 또 20여 명의 고아들 아버지 역할을 하고 있는 현지인 전도인의 요청으로 나는 매년 정기적으로 그곳을 방문하고 그들의 필요에 대해 들었다. 갈 때면 늘 충분히 먹지 못해 배고픔이 일상인 어린 천사들을 생각하며 고기를 잔뜩 사 가지고 가서 실컷 먹게 했다.

장족이 사는 이 고원지대의 양(羊)은 특별하다. 오염되지 않은 들판에서 자란 풀을 먹고 자라서 양고기 특유의 냄새가 거의 없고 은은한 향만 남아 평소 양고기를 못 먹는 이들도 거부감 없이 맛있게 먹곤 한다. 그런데 내가 처음 그 지역에 들어갔을 때 현지인들이 양을 잡는 것을 보고 큰 충격을 받았다. 성경에서 읽었던 그 장면은 문학적 은유가 아니라 실제 그 자체였다.

> "그는 도살장으로 끌려가는 어린양과 같았고, 털 깎는 자 앞에서 잠잠한 양 같이 그 입을 열지 아니하였도다."(사 53:7)

한 마리의 어린 양. 목에 칼이 닿아도 아무 소리 없이, 몸부림 한 번 없이, 스스로 죽음을 받아들이는 듯한 그 고요한 모습. 그 순간, 나는 고개를 돌려 눈을 감았다. 예수님의 모습이 죽어가는 양 위에 겹쳐 보

해발 3천미터 이상 고원에서 양을 치며 생계를 유지하는 장족 마을

였다.

그 후로 나는 장족 마을에 집회를 하러 갈 때면 양 한 마리를 사서 교인들이 둘러보는 가운데 살아있는 어린 양의 제사를 시연하는 심정으로 양의 도살 장면을 함께 지켜보게 했다. 현지인 도살자에게는 생계 수단일지 모르지만 우리에게는 어린 양으로 우리에게 살과 피를 다 주신 예수 그리스도의 성만찬을 이보다 더 확실하게 보여주는 예식이 없었다. 도살자의 손길을 따라 심장이 꺼내지고, 간과 창자가 드러나고, 핏빛이 번져가는 흙 바닥 위에서 예수님의 살과 피가 선명하게 떠오른다.

그리고 감히 숨소리도 낼 수 없이 엄숙한 마음이 되어 소리죽여 흐느끼는 소리들이 간간히 들릴 뿐 … 말이 필요 없이 주님이 온몸으로 느껴지는 시간이다. 각이 뜨여지고 나뉘어진 고기는 작은 제단 위에 하나하나 올려지고 불길이 타오르기 시작하면 하늘을 향해 그 향기가 피어오른다.

해가 지고 모닥불이 타오르는 저녁, 방문객과 장족 고아원 가족들이 함께 둘러앉고 우리는 정갈히 익힌 양고기를 서로에게 권하며 푸짐하고 맛있는 만찬을 즐겼다.

"이것은 너희를 위하여 주는 내 몸이라!"

주님은 당신의 살이 찢긴 아픔을 전혀 기억하지도 못하시는 듯 당신의 자녀들이 풍족히 먹고 즐거워하는 것을 더욱 기뻐하실 거라는 사실이 마음 깊숙이 느껴졌다. 머리가 아닌 영으로 참여하는 주의 만찬! 하늘과 가까운 곳에 사는 사람들, 비록 자연재해와 가난, 열악한 의료, 교육 시설 등 부족한 환경속에서 살아도 불평하기보다 적은 것에 감사하며 하루를 기쁨으로 마무리할 수 있는 그런 믿음.

어린양으로 오신 예수님을 늘 가까이서 묵상하며 말씀 그대로를 받아들이며 사는 그런 삶, 이것이 바로 하나님이 당신의 백성에게서 찾으시는 모습이 아닐까? …

우리는 얼마나 자주 '성례'라는 정형화된 교회의 의식 속에, 주님께서 가르쳐주신 생명의 전승을 가두어 버리곤 하는가! 선교지에서 나는 자주 주님께서 처음 제정하셨던 유월절 만찬, 곧 주의 만찬과 성찬에 대해 깊이 묵상하는 시간을 가질 수 있었다. 그리고 한국의 후원 교회에서 선교여행을 올 때면, 이들에게 다소 낯선 방식의 성찬으로 조심스레 안내하곤 했다.

한 번은 후원교회에서 오신 17명의 성도들을 우르무치 공동묘지 내에 있는 서북 영공단원들의 묘지로 안내하며 이곳에서 주일 예배를 드린 적이 있었다. 대부분의 한국 교회들은 선교여행을 올 때 평일에 와서 주일 전에 서둘러 돌아가곤 했다. 나는 중국 서부를 보려면 4, 5일 일정으로는 불가능하다고 말씀드리고, 특별히 주일을 포함하는 일정을 제안했는데, 뜻밖에도 목사님이 흔쾌히 수락해 주셨다.

함께 했던 분들은 모두 한국에서 교회의 중직을 맡고 있는 분들이기에 결코 쉽지 않은 결정이었을 텐데, 그만큼 선교를 귀하게 여기고 있다는 마음이 느껴져 감사했고 또 깊이 감동이 되었다. 그래서일까, 주님은 그들에게 중국의 가정교회와 더 깊은 영적 풍경들을 만나는 귀한 선물을 허락하셨다.

늘 단정히 정장을 차려 입고, 잘 지어진 교회 건물 안에서, 은은한 반주와 함께 경건하게 예배드리던 이들이었다. 우리 일행은 주위에 아무것도 보이지 않는 황량한 무덤 골짜기 한가운데서, 발밑으로는 뜨겁게 달궈진 모래를 밟으며, 세차게 불어오는 사막바람을 맞으며, 서로 둥글게 둘러서서 사도신경을 고백하고, 찬송을 부르며 말씀을 나누었다. 그리고 햇빛이 내리쬐는 그 거친 땅 위에서 떡과 잔으로 성찬에 참여하여 주님의 몸과 피를 함께 떼는 은혜의 성찬을 나눴다.

웅장한 교회당도, 부드럽게 마음을 적시는 음악도, 예배당을 가득 메운 성도들도 그곳에는 없었다. 그러나 이 황막한 영문 밖에서, 우리를 위해 죽으시고 부활하신 예수 그리스도께서 놀랍도록 가까이, 우리 가운데 영으로 함께 계셨다. 참석했던 모두가 그 어느 예배 때보다 주님을 더 선명히 느꼈다고 입을 모아 고백했다.

나는 요즘 형식에 길들여진 우리의 예배가, 껍질만 남은 신앙이, 솔직히 두렵다. 선교의 여정은 내게 광야에서 '날것의 복음'을 마주하게 하는 길이었다. 그곳에서 나는 익숙했던 신앙의 외피를 하나씩 벗겨내며, 본질로 더 가까이 이끌림 받았다. 그리고 이 과정 속에서 주님이 걸으셨던 십자가의 길은 이전보다 훨씬 또렷하게 내 눈앞에 다가왔다.

11

무슬림의 땅, 서쪽 땅끝 너머 전해져야할 복음

중국의 국토 중 약 3분의 1을 차지하는 서부 지역. 그 중 티베트를 제외한 대부분은 이슬람 문화권에 속해 있다. 나는 서진(西進) 선교의 비전을 품고, 옛 실크로드의 출발지인 샨시성(陝西省)에서 서북부를 향해 닝샤(寧夏)를 거쳐 칭하이를 넘어, 마침내 신장성(新藏省) 위구르 자치구를 향해 걸음을 옮겼다.

동부 연안에서 무려 5천km 떨어진 신장성의 성도(省都) 우루무치까지는 기차로 66시간, 사흘 밤낮을 달려야 한다. 그렇게 도착한 신장성은 중국에서 가장 넓은 행정 구역이자, 중국 안에서 가장 거대한 이슬람 지역이다.

이 땅의 주민인 위구르족은 인종적, 문화적으로 중국 한족과 전혀 다른 튀르크계 민족이다. 겉으로는 '자

무슬림의 기도하는 모습

오후 기도 시간에 모든 시민이 일을 멈추고 모스크를 향해 기도하는 모습

치구'라는 이름을 갖고 있지만, 사실상 이곳은 다른 나라와 다름없다. 정치적 긴장과 억압은 이곳의 공기 속에 늘 스며 있고, 그 안에서 살아가는 이들은 매일의 삶 속에서 눈에 보이지 않는 전쟁을 치르고 있다.

관광객들은 이곳을 '이국적'이라 표현하며 흥미롭게 여행한다. 그러나 내가 보는 이곳은 다르다. 영적인 관점에서 보면, 신장(新藏)은 상처와 혼란으로 얼룩진 땅이요, 심각한 영적 전쟁터이다.

2천 년이 넘도록 끝나지 않는 이슬람과 기독교의 충돌은 지금까지 지구상에 치열하다. 아랍에서 중앙아시아를 거쳐 동 쪽으로 팽창한 이슬람 세력은 이 중국 서부에서 더는 전진하지 못했다. 강력한 중화 문명과 공산주의가 철저하게 막아섰기 때문이다. 신장을 포함한 중국 서부 이슬람 지역이 바로 이슬람 동진(東進)의 마지노선이 된 셈이다. 중국에서 막힌 이슬람 세력은 남하하여 동남아로 향했고 말레이시아와 인도네시아에서 흥왕했다. 한국의 그리스도인들은 이 점에서 중국에게 감사해야할 것 같다. 만약 중국 대륙이 이슬람화 되었다면 과연 한국이 이슬람화 되는 것을 막아낼 수 있었을까? …

일찍이 '서북 영공단(靈工團)'이 품었던 서진 선교의 꿈도 이슬람권 복음화를 위한 것이었다. 시안(西安)에서 시작해, 광활한 광야를 지나며 복음을 품고 걸어간 발걸음이 도달한 곳이 바로 신장이었고, 그 너머에는 중앙아시아의 이슬람 국가들이 펼쳐져 있었다.

중국에서 가장 많은 이슬람 민족인 후이족(回族)은 이미 당나라 시절부터 정착해 한족과 뒤섞여 살고 있다. 겉모습이나 사용하는 말이 다르지 않아 언뜻 보면 차이를 알아차리기 어렵다. 심지어 어떤 이들은 돼지고기도 먹고, 이슬람 문화에 대해 비교적 개방적인 태도를 보이기도 한다. 그러나 그들이 모여 사는 닝샤(寧夏) 후이족 자치구는 이슬람 종교와 문화가 강하게 지배하고 있으며, 기독교에 대해선 매우 배타적인 모습을 보인다.

가장 강한 이슬람의 장벽을 느낄 수 있는 곳은 단연, 신장 위구르 자치구이다. 선교사 입장에서는 감옥 속에서도 더 깊은 밀실과 같은 땅이다. 그럼에도 나는 동부에 살던 시절부터 수십 차례 이곳을 비밀리에 찾아 말씀 집회를 인도해왔다.

라마단 기간 동안에 신장성에 가면, 수십만 명의 무슬림들이 모스크 앞 광장에 빼곡히 모여 어깨를 맞대고 땅에 엎드려 기도하는 장면을 보게 된다. 하루 다섯 번 정해진 기도 시간에는 누구나 하던 일을 멈추고, 손과 얼굴을 씻은 뒤, 조용히 기도에 들어간다. 어떤 기독교인들은 이를 단순한 형식주의라고 비판을 하지만, 나는 그들의 기도하는 자세에서 묵직한 진지함과 경건함을 느낄 때가 많았다.

어느 날, 신장의 무슬림 공동묘지를 방문한 적이 있다. 무덤 위에 곱게 덮인 실크 천을 가리키며 현지인이 말했다.

"이건 죽은 자에 대한 깊은 존경이자 죽어서까지도 신앙과 공동체로 연결되어 있다는 상징이에요."

그 말이 오래도록 마음에 남았다. 이슬람은 단순한 종교가 아니다. 그들의 생활 전반에, 문화 깊숙한 곳까지 스며든 삶의 정체성이다. 그 강력한 일체감은 단단한 성벽처럼 쉽게 무너질 수 없다.

그렇다면 기독교는 어떤가? 나는 과연 복음을 얼마나 진실하게 살아내고 있는가? 이슬람은 논리로 무너뜨릴 수 없다. 오직 삶으로 살아낸 복음, 사랑으로 섬기는 행위, 그리고 성령의 은밀한 역사만이 그 두터운 장벽을 조금씩 허물 수 있을 것이다.

관광지로 북적이는 거리에서 벗어나 모스크 안으로 조심스레 들어서면, 시간이 멈춘 듯한 고요함이 있다. 사원 앞에서 긴 흰 수염을 늘어뜨리고 조용히 꾸란을 읽던 여든이 넘은 이맘(이슬람 지도자)의 모습은 마치 구약성경에 나오는 성문 회관의 장로들을 떠올리게 했다.

지혜와 연륜이 깃든 눈빛, 고상하고 절제된 자세. 문득 나에게 스스로 묻게 된다.

'목사로서 나는 저런 기품을 지니고 있는가?'

한 번은 조심스럽게 모스크 안으로 들어가 이맘과 대화를 나눈 적이 있다. 그는 내가 선교사라는 사실을 모르고, 한국에서 온 관광객쯤으로 여겼을 것이다. 웃음띤 얼굴로 이런 말을 꺼냈다.

"우리는 한국을 아시아 이슬람 선교의 전진기지로 보고 있습니다."

이 말은 30여 년 전, 내가 처음으로 직접 들은 이슬람의 전략이었다. 그 순간 정신이 번쩍 들었다. 이슬람은 이미 오일 머니를 앞세워 한국을 향한 구체적인 선교 전략을 체계적으로 세우고 있었던 것이다. 이 말을 들은 이후로, 나는 신장 땅을 밟을 때마다 더욱 깨어 기도하게 되었다.

이후 나는 한족(漢族) 교회 지도자들과 이슬람 선교에 참여하였다. 신장성에 있는 한족 교회들은 교회 내에서는 비교적 활동이 보장되었지만, 이슬람 종족에게 복음을 전하는 것은 철저히 금지되어 있었다. 그러나 하나님은 늘 믿음의 사람을 남겨두신다. 감옥에 가는 것도 두려워하지 않고, 나에게 직접 찾아와 말씀을 전해달라고 간청하던 형제가 있었다.

"이 지역에까지 와서 복음을 전해주는 전도인이 없습니다."

그의 믿음과 헌신이 나의 마음을 울렸고, 나도 한 걸음, 또 한 걸음 더 깊은 곳으로 들어가게 되었다. 사람들의 눈을 피해 외진 가정교회 집회에서 말씀을 전할 때면, 그 자리에 때로는 카자흐족이나 위구르족과 같은 이슬람 종족이 비밀리에 몇 명씩 조심스레 참석했다. 외모만으로도 단번에 무슬림임을 알아볼 수 있는 그들이 기독교 모임에 온다는 것은 매우 위험한 일이다. 그럼에도 불구하고, 말씀이 전해질 때 눈물 흘리며 복음을 받아들이는 그들의 신실한 모습을 볼 때 그 감격은 이루 말할 수 없었다.

흔히 중앙아시아의 이른바 '스탄 국가'들의 무슬림은 가장 복음 전도가 어려운 사람들로 꼽힌다. 예전에 기차를 타고 중국에서 카자흐스탄에 들어간 적이 있었는데 지금도 생생히 기억나는 장면이 있다.

상하이에서 사흘 길을 달려야 도착하는 우루무치에서 열차를 갈아 타고, 또 서쪽으로 한없이 달리다보니 국경을 넘기 위해 바퀴를 갈아 끼워야 한다는 방송이 나오며 열차가 멈춰섰다. 어떻게 사람이 타고 있는 채로 기차 바퀴를 갈아 끼운다는 말인가? 도무지 상상이 안 되어 열차밖으로 나가 보았다.

영하 20도가 넘는 추위에도 불구하고 직접 내 눈으로 보고 싶어 나갔는데 생각보다 시간이 많이 걸렸다. 몸은 서서히 감각을 잃어갔고, 얼굴은 반쯤 얼어붙은 듯 굳어 갔다. 왜 사람들이 밖으로 나오지 않았는지 그때서야 알 것 같았다. 그래도 나는 움직이지 않고 전 과정을 지켜보았다

중국과 카자흐스탄은 철로의 폭이 달랐다. 그래서 열차는 그대로 유지한 채, 전혀 다른 레일 위를 달리기 위해 바퀴를 바꿔야 했다. 생전 처음 보는 장면 앞에서 나는 한동안 입을 다물지 못했다. 그 거대한 열차를 한 칸씩 공중으로 들어올려, 묵묵히 바퀴를 갈아 끼우는 모습은 경이롭기까지 했다.

그러면서 스쳐가는 생각은 '아, 우리가 이 땅에 복음을 전하려면 기차가 몸통을 바퀴와 분리하여 레일이 다른 바퀴를 갈아 끼우듯 이들의 문화에 맞도록 복음을 전해야 하는구나 …!'

그러나 이 일은 생각만큼 간단한 일이 아니다. 가능한 일인지도 모르겠다. 오랜 인내와의 싸움이며 때로 목숨을 희생시켜야 하는 위험한 일이기도 하다.

2018년 우리가 중국을 떠날 무렵, 신장 위구르 자치구에 대한 기독교의 활동은 더욱 위축되고, 감시와 억압이 극에 달했다. 심지어 외신은 "100만 명의 위구르인이 강제 수용소에 갇혀 있다"는 충격적인 보도를 전하기도 했다.

그러나 나는 믿는다. 그 모든 억압 속에서도, 이미 심겨진 복음의 씨앗은 땅속 깊이 뿌리를 내리며 자라고 있다는 것을. 보이지 않는 땅 아래서 흐르는 지하수처럼, 하나님이 남겨두신 종들을 통해 그 복음의 통로는 여전히 연결되어 있다. 이곳에서 복음은 속도가 아닌 신뢰의 깊이로 전해진다. 사람들의 눈에 보이는 십자가가 아닌, 삶 속에서 드러나는 사랑의 십자가를 통해 전달된다.

식당 주인으로, 언어 교사로, 복지사와 유학생으로, 혹은 교수로 … 겉모습은 다르지만 이들은 모두 그리스도를 전하는 선교사이다. 이들을 통해 가난과 상실, 상처 속에서 신음하는 사람들에게 복음은 생명으로 다가가고 있다.

12

한국 현지 선교사회
- 함께 동행하는 소중한 동역자 -

선교는 결코 한 사람이나 한 가정만으로 이루어지는 일이 아니다. 이것은 교회와 선교기관이 위임하고 파송한 선교사를 통해 이루어 가시는 하나님의 일이다. 한국은 이제 세계에서 미국 다음으로 많은 선교사를 파송하는 나라가 되었지만, 짧은 선교 역사를 가진 한국교회는 뜨거운 열정과 사명감에 비해 체계적인 준비와 경험이 충분하지 않아 적지 않은 시행착오를 겪어야 했다.

2000년대에 들어서며 한국교회 안에는 중국 선교의 물결이 최고조에 달했다. 내가 속한 예장(통합) 교단 총회 세계선교부(PCK)에서 파송한 선교사 가정만 어느덧 100가정에 이를 정도였다. 중국에서는 공식적인 선교 활동이 금지되어 있어, 발각될 경우 체포와 구금, 추방의 위험이 늘 뒤따랐다. 그럼에도 불구하고 중국 선교를 향한 열기는 식지 않았고, 오히려 더욱 뜨겁게 타올랐다. 지금 돌이켜보면 이것 역시 하나님의 놀라운 은혜가 아닐 수 없다.

그러나 선교의 외적 확장과 함께 또 다른 필요가 분명해졌다. 선교사 케어, 후원 교회와 총회 간의 유기적인 협력, 그리고 선교사 파송과 영입, 훈련에 전념할 전담 인력이 절실히 요구되기 시작한 것이다. 당시에는 현지 사역을 하면서 한국 선교사회 임원 역할을 감당하는 구조였기에, 장기적이고 일관된 정책을 세우는 것에 분명한 한계가 있었다. 그래서 중국 PCK 선교사회 안에서는 오래전부터 상임총무를 세워야 한다는 논의가 이어져 왔다.

이런 흐름 속에서, 마침 선교사회 임원이었던 내가 초대 상임총무로 선출되었다. 이렇게 약 3년 동안 중국 전역에 흩어져 있던 우리 교단 선교사들을 섬기는 사명을 맡게 되었다. 이 시간은 내 선교 여정에서 결코 빼놓을 수 없는 매우 중요한 한 부분으로 남아 있다.

여러 나라 출신의 선교사들을 대상으로 "선교사가 겪는 가장 큰 어려움은 무엇인가"라는 질문을 던진 설문조사에서 의외의 결과가 나온 적이 있다. 현지인과의 갈등보다 동료 선교사와의 갈등이 더 크다는 응답이 가장 많았던 것이다. 우리 역시 예외가 아니었다. 같은 한국인 선교사들 사이에서 좋은 관계를 맺고 함께 사역하는 일은 결코 쉽지 않았지만, 동시에 반드시 풀어야 할 중요한 과제이기도 했다.

상임총무직을 처음 맡았을 때, 내 마음에는 적잖은 고민이 자리하고 있었다. 중국이라는 광대한 땅에 흩어져 있는 선교사들 간의 소통을 돕고 연합을 이루는 일은, 공안의 날카로운 감시 속에서 조심스럽게 사역하던 선교사들에게 큰 부담이 될 수 있었다. 무엇보다 임기 동안 기존에 감당하던 현지 사역을 상당 부분 내려놓아야 한다는 점이 마음을 무겁게 했다. 더 나아가 한국의 후원 교회들이 '한국 선교사들을 돌보는 일 역시 중요한 선교 사역'이라는 사실을 어떻게 받아들이고, 과연 후원을 계속 이어갈 수 있을지에 대한 현실적인 염려도 컸다.

그럼에도 하나님께서는 이 일이 반드시 필요하며, 누군가는 감당해야 할 사명임을 내 마음에 분명히 깨닫게 하셨다. 결국 나는 믿음으로 순종하기로 결단했고, 기꺼이 3년을 이 일에 헌신하기로 했다.

당시 중국에서 사역하던 선교사들은 자유가 제한된 상황 속에서 외부와의 교류를 마음대로 할 수 없었고, 가정과 사역을 동시에 감당해야 했다. 통신은 매번 검열되었고 전화는 늘 도청되었다. 이러한 환경 속에서 동료 선교사들과 얼굴을 맞대고 만나는 일은 그 자체로 큰 위로이자 갈망이었다. 그래서 수백, 때로는 수천 킬로미터를 이동해 열리는 연합 모임에 중국 선교사들은 남다른 열정으로 참여했다.

선교사 자녀(MK)들 역시 같은 처지의 친구들을 만나 모국어로 마음껏 이야기하고 함께 하나님을 찬양하는 MK캠프를 손꼽아 기다렸다. 우리 아들과 딸에게도 그 시간은 무엇과도 바꿀 수 없는 '행복한 학교'였다.

이러한 필요를 너무도 잘 알기에, 긴장과 위험이 따르는 환경 속에서도 매년 선교사 가족이 함께 모이는 정기 모임을 중국 내에서 열었다. 하지만 모임이 시작되어 모든 참석자와 강사들이 무사히 각자의 사역지로 돌아가기까지는, 공안의 촘촘한 감시를 피해 감당해야 할 수많은 긴장과 수고가 뒤따랐다.

중국 선교사들은 외국을 자유롭게 오갈 수 없는 상황에서, 사역지 안에서 스스로 영적으로 공급받고 지적으로 성장해야 했다. 동시에 각자 흩어져 움직이는 개별 사역을 넘어, 더 효과적인 전략과 연합의 필요성을 절실히 느끼고 있었다.

지난 20여 년 동안 한국의 신학계와 선교계는 눈부신 발전을 이루어 왔다. 선교신학과 전략에 관한 수많은 세미나와 논문들이 쏟아졌고, 각종 훈련과 선교대회도 풍성해졌다. 선교에 관한 '지식'은 넘쳐났지만, 그럼에도 왜 아는 것과 실제 사역 사이에는 이토록 큰 간극이 존재하는가? 어떻게 해야 우리 선교사회가 살아 움직이며, 더욱 건강하고 역동적으로 변화할 수 있을까? 이 질문은 그 시절 내내, 그리고 지금까지도 나의 마음을 떠나지 않고 있다.

상임총무로서 이 문제를 놓고 하나님 앞에 엎드려 기도하며 하나님의 청사진을 구하던 중, 내 마음에 두 개의 기둥을 세우라는 비전을 받았다. 하나는 '시스템', 그리고 다른 하나는 '영성'이었다.

총회 신학에 기초하면서도 현지의 현실에 맞는 효과적인 시스템을 연구하고 세우는 일은 오래전부터 논의되어 오던 과제였다. 그러나 기도하며 점점 더 분명해진 사실이 있었다. 아무리 정교한 전략과 뛰어난 시스템이 마련되어 있다 해도, 이것을 실제로 움직이는 사람의 영성이 받쳐주지 않으면 참된 열매를 기대할 수 없다는 깨달음이었다.

그래서 나는 시스템 자체보다, 이 시스템을 살아 움직이게 할 '사람'을 세우는 일에 초점을 두었다. 멘토링과 중보기도 운동을 구체적인 실천 방안으로 제시했고, 회원들과 함께 멘토링의 이론과 실제를 나누었다. 또한 중국 전역에 흩어져 있는 각 선교사들의 기도 제목을 모아 중보기도 소책자를 제작해 나누었다. 아브라함처럼 본토와 친척, 아비 집을 떠나 낯설고 험한 길을 걷고 있는 동료 선교사들 …. 그러나 현실 속에서 선교사들끼리 허심탄회하게 마음을 나누고, 서로를 온전히 신뢰하며 협력하는 일은 생각보다 훨씬 어려운 과제였다.

선교사 사회는 매우 특수한 기독교 집단이다. 구성원들은 익숙한 고국을 떠나 어린 자녀들까지 데리고, 앞날을 알 수 없는 길에 순종으로 나선 믿음의 사람들이었다. 한국에서의 목회 경험과 뜨거운 신앙을 가지고 있었지만, 한 번도 경험해 보지 못한 타문화권, 마치 영적인 황무지와 같은 땅에서 모든 사역을 스스로 개척해 나가는 일은 그들에게도 버겁고 외로운 도전이었다.

한국에서는 상상하기 어려운 정부 당국의 감시와 제재, 때로는 노골적인 핍박이 선교사들의 의식과 무의식 깊은 곳까지 조여 왔다. 경제적으로는 안정적인 후원이 부족했고, 자녀들은 이 상황을 충분히 이해하지 못한 채 환경에 적응해야 했으며, 부모들은 아이들 앞에서 자신의 불안과 두려움을 숨겨야 했다. 이렇게 선교사들의 마음은 점점 메말라가고 여유를 잃어 갔으며, 피로와 소진이 쌓여 갔다. 투명한 의사소통은 현실적으로 거의 불가능했고, 그 결과 오해와 갈등, 충돌은 피할 수 없는 일이 되었다.

그때마다 나는 하나님 앞에서 이렇게 기도하곤 했다.

"오 주님, 우리는 모두 아군이며 동료입니다. 우리가 싸워야 할 대상은 하나님의 일을 대적하는 악한 세력이지, 서로가 아닙니다. 그런데 정작 힘을 모아야 할 우리가 서로에게 상처 주고 힘을 빼는 일은 사단만이 기뻐할 일입니다. 주님, 우리의 죄와 연약함을 불쌍히 여기시고 우리를 하나 되게 하소서."

현지인 사역을 잠시 내려놓고, 한국 선교사회 상임총무로 보낸 3년여의 시간은 내게 있어 십자가 앞에 무릎 꿇고 간절히 기도하며, 나 자신의 한계와 부족함을 깊이 놀아보고 주님의 종으로 다시 빚어지는 훈련의 여정이었다.

공동체 안에서 우리는 흔히 '연합'을 이야기한다. 그러나 이 연합은 종종 내 방식과 네 방식 사이의 타협으로 흘러가고, 결국 이상적인 연합보다는 피로와 갈등, 소진과 분열로 귀결되기 쉽다. 하나님의 일을 위해 시작한 만남 속에서도 각자의 생각과 주장이 부딪히며, 때로는 형제자매가 원수처럼 느껴지는 순간을 맞이하기도 한다. 모두가 기쁨으로 시작했는데, 왜 끝은 상처와 분열이어야 하는가라는 질문이 내 마음을 떠나지 않았다.

주님께서 이 땅에서 마지막으로 드리신 중보의 기도는 바로 '하나됨'을 위한 기도였다.

> "아버지께서 내 안에, 내가 아버지 안에 있는 것 같이 그들도 다 하나가 되어 우리 안에 있게 하사 …."(요 17:21)

이 하나됨은 각자의 입장과 생각을 절충해 이루는 인간적인 연합과는 본질적으로 다르다. 이것은 조율의 결과가 아니라, '하나님의 생명 안에서' 이루어지는 깊은 연합이다. '같이 일하는 것'을 넘어, '같이 존재하는 것'에 가깝다.

선교사 연합회를 섬기며 나는 누구보다 선교사들의 연합을 간절히 소망했고, 이 일을 위해 최선을 다해 헌신했다. 그러나 시간이 흐르면서, 모든 사람을 만족시키고 모두의 동의를 얻는 연합은 현실적으로 존재할 수 없다는 사실을 절실히 깨닫게 되었다. 결국 우리가 추구해야 할 것은 더 나은 제도나 조직 속의 연합이 아니라, 주님의 생명 안으로 깊이 들어가는 하나됨이었다. 그래서 우리는 날마다 주님의 십자가 앞에 서야 한다. 우리가 죄인임을 자각할 때 영성은 깨어나고, 스스로 의롭다고 착각하지 않게 된다. 하나님께서는 이 아프고 고된 과정을 통해 우리 각자를 십자가의 더 깊은 자리로 이끄시고, 그 자리에서 마침내 참된 하나됨을 이루게 하신다.

13

중국 선교 200주년 선교대회
– 가나의 혼인잔치 –

선교사회 상임총무가 되어 처음 맡게 된 과제는, 중국 선교 200주년을 기념하는 선교대회를 성공적으로 개최하는 일이었다.

모리슨 선교사가 1807년 중국 땅을 처음 밟은 것을 중국 개신교 선교의 시발점으로 삼을 때, 2007년은 꼭 200주년이 되는 해였다. 우리 생애에 이런 뜻깊은 해를 다시 맞이하기란 어려운 일이다. 그래서 중국 안에 흩어져 있던 총회 파송 선교사들과 그 가족, 한인교회 성도들까지 함께하는 큰 연합 모임을 처음으로 구상하게 되었다.

하지만 1년 전 이 대회를 준비해 왔던 준비위원들의 준비 과정은 순조롭지 않았다. 후원을 부탁드린 한국 교회들이 난색을 표한 것이다. 일부 광고가 나간 상태인데 예약했던 장소는 계약 해지가 되고 대회를 치를 수 없는 진퇴 양난의 상황에서 내가 조대 상임총무가 되었다.

갓 상임총무가 된 내게 이 부담이 고스란히 지워졌다. 그때가 이미 3월이었으니, 8월에 있을 대회를 위한 강사 섭외와 후원을 약정받는 것은 불가능에 가까운 일이었다. 아무것도 준비되지 않은 채, 오히려 숙소를 예약했던 위약금만 빚으로 남은 상황이었다.

"주님, 어떻게 이 대회를 다시 살려내란 말입니까 …?"

내 마음은 낭떠러지 끝에 서 있었다. 그때 나는 한 가지, '과연 이 일은 하나님이 원하시는 일인가?'에만 집중하기로 했다. 이 선교대회가 하나님이 기뻐하시고 원하시는 일이라면 어떤 어려운 상황에서도 반드시 이루어 주실 것이라는 확신이 생겼다.

그 무렵, 한국과 중국은 1992년 수교 이후 눈부신 속도로 관계가 발전되고 있었다. 양국 간 교류가 활발해지면서 중국에는 점점 더 많은 한국 교민들이 모여들었고, 선교사들도 늘어갔다. 한국교회는 선교 열정이 어느 때보다 뜨거워 선교 부흥기의 한가운데를 지나고 있을 때였다. 그러나 이와 동시에 급격히 늘어난 교민사회와 선교사들 사이에는 연합이 필요했다. 기도하면 할수록, 이 대회야말로 한국 선교사회의 연합과 미래를 내다보는 중요한 분깃점이 될 것이라는 확신이 깊어졌다.

나는 혼자 한국으로 날아갔다. 출발하기 전, 아내와 초등학생 아들, 딸과 가정예배를 드렸다.

"얘들아, 아빠가 이번에 맡은 일이 있는데 … 이 대회가 잘 열리려면 재정이 많이 필요하단다. 우리 같이 기도하자."

그때 아무 말없이 듣고 있던 아들딸이 자리에서 벌떡 일어나더니, 방으로 달려가 자기들 저금통을 들고 왔다. 그리고 내 앞에 내밀었다.

"아빠, 이거 우리 헌금할게요!"

나는 아이들의 순전함에 마음이 울컥하며 감동이 밀려왔다. 그 순간, 하나님께서 반드시 이 일을 이루실 것이라는 신뢰가 더해졌다.

> "주님, 어린아이가 바친 이 작은 물질이 마중물이 되어, 꼭 필요한 재정을 채워 주소서 …!"

나는 한국 땅을 밟자마자 숨 쉴 틈 없이 교회들을 찾아다녔다. 이전처럼 몇몇 대형교회에만 의존하지 않고, 중국 선교 200주년을 한국의 다양한 교회들과 함께 기념하는 것이 주님의 기쁨이 되리라고 생각하며, 잘 알려지지 않았지만 뜻을 모을 수 있는 교회들을 찾기 시작했다.

한 번은 당시 총회 선교부 부장 목사님 교회를 방문해 주일 오후예배에 참석했다. 나는 강단에서 인사말을 하며 이렇게 말했다.

> "여러분은 이렇게 훌륭한 목사님의 말씀을 매주 들을 수 있으니 얼마나 복이 많으십니까? 영적으로 척박한 선교지에서 고군 분투하는 저희 선교사들에게도 귀한 목사님의 말씀을 들을 수 있게 해 주십시오! …"

잠시 정적이 흘렀다. 그때 어디선가 "아멘!" 하는 소리가 들렸다. 모든 성도들을 향하여 다시 한번 목사님을 보내이 달라고 간청을 하니 모두가 큰 소리로 '아멘'으로 화답하였다. 나의 시선이 맨 앞줄에 앉아 있는 장로님들에게 향했다.

> "장로님들께서 당회에서 결정해 주셔야 되는데 … 목사님을 … 보내 주시겠습니까?"

마카오에서 열린 중국 선교 200주년 기념 한인 디아스포라 대회

이렇게 나도 모르게 담대하게 강단에서 직접적으로 간청하였다. 그
러자 장로님이 "아멘"이라고 답하셨다. 순간 목사님의 얼굴이 환히 밝
아졌다. 그리고 말을 이어가셨다.

> "그런데 … 여러분 저를 보내 주실 때 선교지에 그냥 빈손으로만 갈 수 없습니
> 다. 많은 선교사를 섬기려면 물질도 필요합니다. 보내시려면 소정의 헌금을 당
> 회장실에 함께 보내 주셔야 합니다."

목사님이 이렇게 말씀하는 것을 들으며 나는 내심 놀랐다. 어떻게
이 일이 강단에서 결정될 수 있단 말인가? 그런데 웬일인지 분위기가
전혀 나쁘지 않았다. 그리고 예배 후 장로님들과 함께 나눈 차담에서
강사 파송과 후원이 기쁘게 결정되었다.

출장 기간 나는 거의 한 달을 홀로 보냈고 그 사이 가족과 동료 선교
사들은 중국에서 간절히 기도하며 뒷받침해 주었다. 기존 계획이 송두
리째 무너져 버린 뒤였기에, 오히려 새로운 청사진을 그려낼 수 있었다.

중국 선교 200주년 기념 한인 디아스포라 대회

　나는 그때 생각했다. "왜 한국 교회가 선교사를 부담스러워한다는 말이 나올까?" 늘 재정적인 부담을 주는 존재라고 여겨지기 때문일 것이다. 이번에는 그것을 바꾸고 싶었다. 그래서 선교사들도 미약하지만 일정 부분 회비를 갹출하여 재정 부담을 함께 지고, 부족한 부분만 한국 교회에 요청하기로 선교사회에서 결의했다. 이 취지를 말씀드렸을 때 한국 교회도 감동을 받는 듯했다.

　중국 내 한인교회들을 향해서도 늘 선교사들을 섬겨주신 것에 감사의 뜻을 전하며, 이번에는 선교사회가 교민들을 섬기겠다고 했다. 좋은 장소와 프로그램, 최고의 자녀 캠프를 준비하겠다고 약속했다 이것은 처음 있는 일이었다. 장소는 마카오의 한 호텔로 정했다.

　중국 선교의 대부이신 방지일 목사님께서 구순이 넘으신 연세에도 직접 오셨다. 방 목사님은 매 집회마다 넥타이에 정장을 하고 맨 앞줄에 앉아 계셨다. 이분이 거기 계시는 것만으로도 대회는 권위가 섰고, 많은 사람들에게 '꼭 가고 싶은 대회'가 되었다.

마침내 2007년 8월! 도무지 불가능할 것 같던 일들이 모두 반전되며, 성대한 은혜의 잔치가 열렸다. 19명의 훌륭한 강사들이 믿을 수 없을 만큼 짧은 시간 안에 섭외되어, 선교에 꼭 필요한 영적·지적 양식을 공급해 주었다. 아름다운 아열대 지역에서 참석자들끼리 마음을 열고 갖는 교제의 시간은 보너스였다.

가장 섭외가 쉽지 않았던 자녀캠프도 한국에서 자원해 온 최고 수준의 팀이 사랑과 열정 가득한 프로그램으로 섬겨 주었다. 평소 오지에서 빈약한 주일학교만 접하던 아이들은, 젊은 교사들이 이끄는 생기 넘치는 캠프에서 생명이 쑥쑥 자라는 것이 보였다. 대회 재정은 부족했지만, 마지막 결산을 했을 때는 모든 것이 채워졌다. 그야말로 하나님의 기적이었다.

이제는 그때로부터 많은 세월이 흘렀다. 그런데도 당시 대회에 참석했던 사람들은 하나같이 이 대회를 좋은 추억으로 기억하고 있었다. 어떤 이들은 그 잔치가 평생 잊지 못할 경험이 되었다고 고백했다. 그러나 가나의 혼인 잔치에서 물이 포도주가 되는 것을 눈으로 본 사람은 누구였는가? 주님의 말씀에 순종해 빈 항아리에 물을 가득 채운 종들이었다.

그 대회에서 가장 놀라운 기적을 직접 목격한 자는 바로 나였다. 그리고 이 모든 과정을 가장 가까이서 지켜보며 기도한 우리 가족과 동료들이었다. 물이 포도주로 변하는 그 놀랍고 짜릿한 기적! 이것은 결국 믿음으로 순종하는 자에게 주시는 주님의 선물이었다. 나는 온몸으로 이 교훈을 배웠다. 그리고 지금도 그 기억이 가슴을 벅차게 한다.

14

나를 변화시킨 공동체

회고록을 쓰다 보면 누구나 빠지기 쉬운 함정이 있는 것 같다. 과거의 일을 마치 설계도처럼 체계적으로 그려보고 싶은 마음이 불쑥 올라오는 것이다. 나 역시 중국 선교의 발자취를 더듬어 글을 쓸 때면 이런 마음이 슬그머니 고개를 들곤한다. 선교 강의를 할 때면 더욱 그렇다. 하나님께서 나를 이끄신 과정을 마치 하나의 깔끔한 틀에 넣어 설명하려는 유혹, 어쩌면 그것은 직업병 같은 것일지도 모르겠다.

감사하게도 중국에서 지내는 동안 우리는 그때그때 많은 기록을 남겼다. 아내의 일기는 지금도 귀한 자료가 된다. 멀리 있는 가족과 동역자들에게 띄운 기도 편지들은 일종의 팩트 체크의 근거가 된다. 이 덕분에 책을 쓸 때도 막힘이 적었다. 그러나 이것들을 다시 들춰보며 그시절을 돌아보면, 25년의 중국 신교는 처음부터 어떤 계획을 가지고 일관되게 추진된 일이 결코 아니었음이 분명하게 드러난다.

선교 초기 10년 동안은 현지인과 신뢰를 쌓는 데 온 힘을 기울였다. 그리고 이 관계 위에서 중국교회 지도자들이 소개해주는 곳으로 가서 성경을 가르치고, 신학 강의를 했다. 쉽게 말하면 '이동 신학교'였다. 공산권 국가에서 비밀리에 진행해야 하는 선교에서 현지인과의 신뢰는 그야말로 생명과도 같았다. 이 신뢰는 긴 시간을 함께하며, 삶으로 드러나야만 조금씩 깊어졌다.

10년은 지나야 비로소 외국 선교사를 진심으로 믿어주는 것 같았다. 그러자 마치 거미줄처럼 얽힌 비밀스러운 중국의 가정교회로 들어가는 길이 넓은 대로(大路)처럼 열렸다. 짧게는 2-3일, 길게는 1주일 내내 혼자서 아침부터 저녁까지 집회를 인도하는 순회 집회만 300회를 훌쩍 넘겼다. 그동안 이동한 거리를 계산해 보면, 지구를 열 몇 바퀴 돌 만큼의 거리였다.

드넓은 중국 대륙의 동서남북, 23개 성 중 20개 성을 다니며 하나님께서 남겨 두신 백성들을 찾아다녔다. 그 길에는 언제나 공안의 위협, 재해와 질병의 위험, 사단의 공격이 도사리고 있었다. 그때마다 안전한 일상에서는 결코 맛볼 수 없었던 하나님의 놀라운 인도와 말씀의 능력을 체험했다. 그러고 나면, 마치 천상의 경험을 하고 돌아온 듯, 마음은 흥분과 새로운 깨달음으로 가득 차 집으로 향하곤 했다. 드넓기만 하던 중국 땅이 더 이상 넓게 느껴지지 않고, 마치 한눈에 모두 들어오는 것 같은 느낌이 들 정도였다. 그러던 나에게 전환점이 찾아왔다.

안식년이 끝난 뒤 다시 돌아간 중국에서 하나님은 나를 전혀 새로운 사역의 길, '공농체'로 부르셨다. 사실 중국에서 사역 초기, 내게는 공동체 사역을 하고 싶은 마음이 있었다. 그러나 현지인들과 가까이 지내며, 그들과 실제로 함께 살아보니 '나는 아직 멀었다 …' 싶은 자괴감이 들어 이 비전을 내려 놓았다. 그런데 하나님은 이것을 기억하고 계셨던 모양이다. 15년이 지난 뒤, 마침내 공동체 사역으로 나를 부르신 것이다.

우리 부부는 30여 명의 어린아이, 청장년, 노인들과 함께 예배하며

공동체 전경

살아가는 교회 공동체로 들어가게 되었다. 이 과정이 너무나 자연스러워 전혀 거부감이나 망설임이 없었다. 이 공동체는 원래 우리 부부가 오랫동안 협력해왔던 교회였기 때문이다.

생각해보면 이 교회와의 첫 만남도 참 기가 막힌 인도하심이었다. 어느 날, 나는 근처 이발소에 갔다. 그런데 옆자리 손님과 대화를 나누다 보니, 한국어를 할 줄 아는 조선족이었다. 놀랍게도 우리 집 길 건너편에 사는 이웃이었다. 그는 예수 믿는 그리스도인이었고, 자기 교회 목사님을 꼭 소개하고 싶다며 나를 이끌었다.

그 무렵 아내는 집에서 멀지 않은 교회에서 음악반을 인도하고 있었는데, 조선족 목사님이 목양하는 이 교회도 젊은이들을 위한 음악 선생을 찾고 있었다. 그래서 나는 일주일에 한 번 성경을 가르치고, 아내는 악기를 가르치며 자연스레 가까워졌다. 그러던 중 교회가 부흥하자 공안의 조사를 받아 교회가 폐쇄되고 결국 20여 명의 청년들과 자원

봉사자들이 이곳을 떠나 도시 외곽 시골의 폐공장을 임대해 공동으로 거주하게 되었다.

도시에 있을 때는 협력하려는 선교사들이 적잖아서 우리 부부는 일주일에 하루만 가거나 특별한 행사에만 참여했는데, 시골로 옮기자 오지까지 찾아오려는 선교사가 없었다. 그래서 오히려 우리는 공동체로 전환한 이후로 그 교회에 전적으로 헌신하게 되었다.

외국인인 우리는 함께 거주할 수 없었기에 현지인 목사님 부부가 생활교육을 전담하고, 우리 부부는 출퇴근하며 공동목회를 했다. 이때부터 그들의 삶에 더 깊숙이 들어가게 되었다. 예전에도 청년들과 친밀했는데, 그때는 가르치는 자와 배우는 자로서였다면 이제는 가족이 된 것이었다.

전에는 중국 대륙을 수백 번 오가며 수많은 사람을 만나 극적이고 짜릿한 사역의 순간들을 맛보았는데, 이제는 불과 30여 명과 좁은 공간에서 매일을 함께 살아가는 생활로 바뀌었다. 모든 것이 대조적이었다. 그러나 고백하건대, 순회 사역 때 전국을 돌며 가르쳤던 십자가의 도를 더 깊이 체득하게 된 것은 바로 이 작은 공동체 안에서였다.

순회 사역을 할 때의 아쉬움은, 그들과 삶을 깊이 나눌 시간이 없다는 것이었다. 길어야 일주일, 그 후엔 또 다른 곳으로 떠나야 했다. 물론 소수와는 정기적으로 만났지만, 전국에서 모인 이들과 지속적으로 삶을 나누기엔 역부족이었다. 그러니 내가 전한 십자가의 복음이 그들 삶에 어떤 변화를 일으키는지는 알기 어려웠다. 하지만 이 작은 공동체에서는 달랐다. 매일 함께 밥을 먹고, 예배하며 공부하고 희로애락을 함께했다.

숨길 수 있는 비밀이 있을 수 없는 삶, 목회자의 삶도 그대로 드러날 수밖에 없었다. 한 살배기 아기부터 칠십이 넘은 어르신까지 지극히 평범한 일상을 함께하며 우리 부부도 '가르치는 자'가 아니라 공동체의 가족이 되어갔다. 교회는 건물이나 조직이 아니라 예수 그리스도의 몸이라는 성경 말씀이 더 이상 머릿속 지식이 아니라 살아있는 현실이 되는 경험, 이 얼마나 짜릿하고 감동적인지 모른다.

공동체의 구성원은 늘 변동됐다. 현지인 목사님 부부와 우리 부부, 10여 명의 헌신자 외에는 늘 새로운 이들이 들어오고 나갔다. 마치 다윗이 사울에게 쫓겨 아둘람 굴에 숨어 지낼 때, 환난당한 자, 빚진 자, 마음이 원통한 자들이 모여들어 훗날 이스라엘 최고의 군대를 이룬 것처럼 ….

우리 공동체에도 가정과 사회에서 소외당하거나, 육체적·정신적 장애를 가진 이들, 부모가 돌보지 못하는 청소년들이 들어왔다. 고아원에서 맡기는 경우도 있었다. 대부분 학교에서 적응하지 못하거나 가정에

해발 2천미터가 넘는 칭하이 호수에서의 비전트립

사생대회

서 감당하기 어려운 아이들이었다.

우리는 한국에서 전형적인 학교 교육과 신앙교육을 받고 자랐기에 이처럼 잡초 같고 야생마 같은 아이들을 대할 때면 마음 한편에 거리감과 함께 어떻게 해야 할지 막막함이 찾아왔다. 안쓰러워 부드럽게만 대했다가는 오히려 효과가 없을텐데, 현지인 목회자가 일관되게 훈육하는 것을 보며 많이 배웠다.

사랑과 훈육, 이 두 가지가 모두 필요했다. 그러나 훈육할 때면 늘 마음이 쓰라렸다. 그러다 문득 어린 저들이 오히려 우리를 가르치는 스승이 되기도 했다. 세상의 때 묻지 않은 순수한 마음으로 각종 도그마에 사로잡힌 어른을 부끄럽게 하고 감동을 주었다.

어느 날 가보면 혈기왕성한 청소년 몇 명이 갑자기 짐을 싸서 나가버리곤 했다. 그러다 몇 주 뒤에는 갈 곳이 없어 다시 돌아왔다. 사랑의 훈육을 받아본 적이 없던 아이들이 차츰 이것이 미움이 아니라 사랑에서 비롯된 것임을 깨달으면서 오히려 이전보다 더욱 끈끈히, 단단하게 하나가 되었다. 학교에서 열등감에 짓눌리던 아이들이 날마다 말씀과 찬양, 기도로 영의 양식을 먹고 1인 1악기를 배우기 시작하면서 불과 일주일 만에도 눈빛이 달라졌다. 집에서는 문제아, 학교에서는 골칫덩이였던 아이들이 "여기가 즐겁다"고 했다.

무엇이 이들을 이렇게 바꾸는 걸까? 하나님의 사랑으로 품어주는 영적 부모의 기도, 또래들과 함께 지내며 처음 맛보는 배움의 기쁨, 그리고 신나게 찬양하며 살아나는 영혼, 이 모든 것을 안정되고 따뜻한 공동체라는 울타리 안에서 맛볼 수 있었기 때문이리라.

그들만 살아나는 것이 아니었다. 모두가 서로를 살렸다. 한 살 아기도 어른이 하지 못하는 일을 한다. 아기가 있으면 모두가 웃게 된다. 어린 학생도 동생이 생기면 금세 의젓해진다. 이 모든 것이 관계 속에서 자연스럽게 익혀졌다. 아! 이것이야말로 성경이 말하는 교회, 그리스도의 몸이 아니겠는가!

주일에만 모이는 교회가 아니라 매일의 삶이 예배이고 봉사였다. 그래서 그들의 신앙 성장 속도는 일반 교회 성도들과는 확연히 달랐다. 젊은이가 귀한 시골에서 우리 공동체는 사막의 오아시스 같았다. 세상에서 아무것도 아닌 줄 알았던 청년들이 어느덧 이웃 교회로부터 주일학교 교사로, 음악 선생으로, 그리고 설교자로 초청받았다.

물론 관계 속에서 어려움과 위기도 많이 있었다. 공동체를 떠난 이도 있고, 수년간 연락을 끊은 사람도 있었다. 그럴 때는 그저 주님 앞에 무릎 꿇을 수밖에 없다. 미성숙과 죄로 공동체가 찢기지 않게 해 달라고 … 사랑은 모든 허물과 두려움을 덮는다는 진리를 몸으로 배워갔다. 함께 울고 웃었던 그 진한 시간들은 삼겹줄처럼 단단해 결국은 서로를 다시 품게 만들었다. 아마도 가장 어렵고 힘든 시기를 함께 지나왔기 때문이 아닐까?

공안의 제재로 공동체가 해산되기까지 6년 남짓 이어진 시공간은, 마치 사도들이 예수님과 함께 했던 3년간의 '예수 공동체'이자 다윗 시대에 사회적 약자들이 모여들었던 '아둘람'과 같았다. 그 아름다운 동행은 평생 잊히지 않을 귀한 보석처럼 우리 부부 마음에 깊이 새겨져 때로 교회가 방향을 잃어버린 것 같은 때에 나침반이 되어 주고 있다.

15

중국을 떠나며 …

2016년 즈음부터였다. 중국 여기저기서 한국 선교사들이 집중 조사를 받고 추방당하고 있다는 소식이 연이어 들려왔다. 중국은 워낙 큰 나라이기에 정책이 전국적으로 일사불란하게 동시에 시행되지 않는다. 때로는 지역마다, 도시마다, 시기와 방법이 달랐다. 그래서 아직까지 우리가 살던 지역에는 공안이 우리 집 문을 노골적으로 두드린 적은 없었다. 그러나 출장 사역에는 여러 제약이 생기기 시작했고, 우리도 대외적인 활동은 가급적 조심스럽게 진행하며 말씀 묵상과 기도에 더욱 마음을 모았다. 그때 우리는 마치 조용히 숨죽이며 태풍이 지나가기만을 기다리는 사람들 같았다.

2017년이 되었을 때 주님께서 내 마음에 선교의 첫발을 내디뎠던 대만을 생각나게 하셨다. 1987년 신학생 시절, 대만에서 1년 동안 견습 선교사로 지낸 것이 해외 선교의 첫걸음이었다. 마침 그 해는 내가 대만 땅을 처음 밟은 지 꼭 만 30년이 되는 해이기도 해서 하나님의 특별한 싸인으로 여겨졌다. 아내와 열흘 정도 대만을 다녀오기로 하고 기도하며 준비를 시작했다.

30년 전, 그때 나는 가진 것 하나 없던 가난한 신학생이었다. 홀홀단신, 오직 주님께서 비전을 보여주시기만 간절히 바라는 마음으로 십자가 앞에 무릎 꿇던 시절이었다. 그 일년은 내 생애에서 순간순간이 선명한 빛으로 심비에 새겨진 시간이었다. 그런데 중국에 들어온 이후 한 번도 대만을 다시 찾아가지 못했다. 뒤돌아보지 않고 그저 앞을 향해 묵묵히 걸어 나아갔다. 전진하고 또 전진했다. 이렇게 20년이 훌쩍 넘도록 달려온 끝에야 비로소 나는 지나온 길을 돌아보는 시간을 갖게 되었다.

아내와 함께 다시 향하는 대만. 30년이 다 되도록 한 번도 연락조차 하지 않고 살았는데, 그곳에 계셨던 분들 중에 아직도 나를 기억해 주시는 분이 과연 있을까? 설렘과 왠지 모를 두려움이 내 마음을 번갈아 스쳐갔다.

다행히 어렵사리 연락이 닿아 몇몇 분들과 반가운 재회를 할 수 있었다. 예전에 머물렀던 장소들을 둘러보았다. 여행을 하면서 중국에서 꽁꽁 묶여 있던 내 마음의 숨통이 조금씩 트이는 것을 느꼈다. 그러면서 문득, '아, 이제 정말 중국을 떠날 날이 머지않았구나 …' 하는 예감이 내 마음 저 깊은 곳에 점점 더 자리잡았다.

중국으로 돌아온 나는 아내와 책을 쓰기 시작했다. 선교 활동에 대한 제재가 점점 심해지면서 많은 선교사들이 마음을 잡지 못하고 흔들렸다. 하지만 우리는 그간의 선교 경험과 오랫동안 연구해 온 이론들을 차분히 정리해 나가며 마음을 다잡을 수 있었다. 그리고 이 과정에서 우리는 놀라운 영적 집중력을 경험했다.

마치 태풍의 눈 속에 들어와 있는 듯, 세상은 소란스러운데 우리 마음은 오히려 고요하고 평안했다. 하나님의 인도하신 발자취를 하나하나 되짚어가며 그분이 얼마나 놀랍게 역사하셨는지를 떠올릴 때마다 감사와 은혜가 우리 마음 가득 차올랐다.

바깥 세상은 요란하고 불안했지만, 우리는 마치 하나님이 마련해 주신 피난처 안에 있는 듯했다. 그러나 문득 오랫동안 외부와 단절되어 살아온 우리가 한국에서 책을 출간한다는 것이 너무 높은 장벽처럼 느껴졌다. '누가 과연 이 글을 읽어줄까 …' 위축되기도 했다. 하지만 곧 마음에 다짐이 일어났다.

세상이 몰라줘도 좋다. 성령께서 놀랍게 이루신 이 기록을 꼭 남겨야겠다는 사명감이 뜨겁게 타올랐다. 적어도 우리 아들과 딸에게만이라도 전해줄 수 있다면, 그것만으로도 충분히 의미 있는 일이라 여겨졌다.

이렇게 우리는 수개월에 걸쳐 원고를 정리하고 다듬었다. 출판에 대해 우리는 아무 경험도 없었다. 게다가 중국에 있었기에 한국 출판사와 연락하는 것도 쉽지 않았다. 그럼에도 내 마음은 이 책을 하루라도 빨리 내야 한다는 긴박감으로 가득했다.

결국 원고를 완성하자마자 서둘러 한국에 이메일로 원고를 보냈다. 그리고 이삼일 후였다. 아내가 혼자 집에 있을 때 갑자기 누군가 문을 세차게 두드렸다. 깜짝 놀란 아내가 문을 열자 다섯 명의 공안 및 종교국 관계자들이 문 앞에 서 있었다. 순간 가슴이 철렁 내려앉았지만 아내는 애써 태연한 얼굴로 무슨 일인지 물었다. 그들은 거실로 들어와 주위를 두리번거리더니, 신분이 높아 보이는 한 사람이 벽에 걸린 십자가를 가리키며

"기독교인이죠? 종교적 색채가 농후하네요!"

라며 눈을 내리깔고 물었다.

이미 우리에 대한 자료를 다 가지고 있으면서도 겉으로는 묻는 척하는 것이었다. 또 다른 한 사람은 부엌 냉장고에 붙은 사진들까지 모두 카메라에 담았다. 아내는 마치 몸이 돌처럼 굳어버리는 것 같았다고 했다. 사진 속 동료 선교사들이 혹시 피해를 입으면 어쩌나, 방에 있는 컴퓨터 자료를 요구하면 어쩌나 하며 눈앞이 아득해졌다. 그러나 다행히 그들은 방까지 들어오지는 않았다. "남편이 돌아오면 다시 오겠다." 그들은 이렇게 날을 넘기고 돌아갔다.

그들이 나가자마자 아내는 재빨리 컴퓨터에 들어 있는 선교 자료와 집필 원고를 안전하게 처리했다. 이미 책 원고를 한국으로 보낸 것이 얼마나 하나님의 완벽한 타이밍이었는지 … 빈틈없이 일하시는 하나님을 생각하니 가슴이 벅차 올랐다. 잠시 후 그들은 다시 찾아왔다.

우리 부부를 심리적으로 압박하며 점잖게 중국을 떠날 것을 경고했다. 같은 날 비슷한 조사를 받은 동료 선교사들도 하나 둘 짐을 꾸리기 시작했다. 하지만 우리는 떠나지 않았다. 우리에게는 남아 있는 일이 아직 있었기 때문이다.

한 달쯤 지나자 그들이 다시 우리 집을 찾았다. 이미 모두 조사한 것을 재차 반복해서 확인하며 압박을 가했다. 이제는 더 이상 버틸 수 없음을 알게 되었다. 떠나지 않으면 강제추방 조치기 내려질 것이다. 우리는 결국 떠날 준비를 시작했다.

추방 대상이 된 상황에서 현지인들과 전화 통화를 하는 것은 조심스러웠다. 그래서 우리는 인편을 통해 소식을 알렸다. 그러자 공동체 지체들이 삼삼오오 우리 집을 찾았다. 우리는 평소처럼 밥을 하고 식탁에 둘러앉아 믿음의 교제를 나눴다. 그동안 이런 일을 수도 없이 겪으면서 쌓인 내공을 다시 한번 실감하며 마음 깊이 하나님께 감사했다.

　20년 넘게 살아온 그 시간만큼이나 깊고 소중히 맺어진 사람들과의 이별은 슬펐지만, 동시에 평온했고 은혜로 충만했다. 멀리 있던 이들도 우리 소식을 듣고 만나기 위해 일부러 찾아왔다. 서로가 그리스도 안에서 더 깊이 연결되어 있음을 고백하며 축복의 말을 주고받았다.

　특히 음악반과 공동체 청년들과의 작별은 가장 힘들었다. 10여 년간 자녀처럼 지켜본 그들이었다. 마지막 음악반 수업 후에, 학생들이 깜짝 이벤트를 준비했다. 한 명씩 돌아가며 감사의 소감을 전하고, 선물을 주며 우리를 끌어안고 축복송을 불러주었다. 언제 준비했는지, 10여 년간의 음악반 영상과 해외에 나간 졸업생 영상편지까지 담았다.

　　"우리가 선생님의 열매입니다!"

라고 순수한 아이들처럼 말했다. 풋풋한 새내기였던 청년들이 이제는

마지막 수업후 음악반 학생들의 깜짝 송별회

공동체 리더들과의 마지막 만찬

찬양 사역자가 되었고 가정을 이루며 살아가는 모습은, 보이지 않는 가운데 하나님이 맺으신 열매였다.

공동체는 해산되었지만 우리 부부를 환송하기 위해 각지에서 모여든 형제자매들이 오랜만에 만나 함께 웃고, 눈물지었다. 이 기적 같은 귀한 자리는 우리의 기도 응답이었다. 나는 이 자리에서 사도 바울이 예루살렘으로 가며 에베소 장로들에게 고별설교와 기도를 하던 사도행전 20장의 장면이 떠올랐다.

나는 이들에게 그동안 혼신을 다해 전했던 예수 그리스도의 십자가를 굳게 붙들고 교회와 신앙을 지켜 달라고 간절히 당부했다. 그때 한 장로님이 내 손을 꼭 잡고 밀했다.

"황 선생님이 전해주신 십자가의 도를 이제 우리가 실천하겠습니다."

나의 마음은 벅차올라 눈물이 핑 돌았다.

"주님, 감사합니다 …!"

그들은 우리가 생각했던 것보다 훨씬 더 단단히 서 있었고, 교회를 지키겠다는 사명을 마음 깊이 품고 있었다. 우리가 그토록 애타는 마음으로 전하고 또 전했던 그리스도의 사랑이 마음에서 마음으로 전해진 것을 보며 감사와 감격의 눈물이 앞을 가렸다.

모든 모임을 하나씩 마무리하고 환송의 시간을 가진 뒤 본격적으로 이사 준비를 했다. 한국으로 가져갈 짐이라고는 책 몇 박스뿐이었다. 우리는 그동안 살아온 살림살이와 가구들을 필요한 사람들에게 나누어 주었다. 그런데 하나님은 이 시간을 단순히 물건을 나누는 시간이 아니라 풍성한 사랑을 나누는 시간으로 바꿔 주셨다.

20여 년을 살다 보니 가구며 살림살이가 꽤 많았다. 그 중 많은 것들은 우리가 받은 것들이었다. 사용할 때마다 우리는 이것을 준 사람들을 떠올렸고, 그렇게 마음과 마음이 이어지는 것을 여러 번 경험했다. 이제는 우리가 줄 차례였다.

마침 음악반을 이어서 맡아 섬기던 신실하고 사랑스런 제자가 결혼을 앞두고 있었다. 가정 형편이 넉넉하지 않아 혼수를 마련하기 어렵다는 얘기를 전해듣고 그녀에게 조심스레 가구를 주고 싶다고 하자, 그녀는 눈물을 글썽이며 기뻐했다. 우리가 깨끗이 사용했던 많은 가구들을 자매에게 주었다. 앞으로 이 가구들을 사용하면서 우리가 주님 안에서 맺은 교제가 더 가깝고 깊게 소중한 추억으로 이어질 것을 생각하니 마음이 뿌듯하고 기뻤다.

이사를 위한 마지막 날, 모든 짐을 빼고 나니 집은 텅 비어 이불도 없이 맨바닥에 잘 뻔했다. 이것을 알게 된 이웃의 미국 선교사 가정이 우리를 불러 따뜻한 식사를 대접했다. 그리고 자기 집 에어매트를 빌려주며 다음날 아침에 먹을 샌드위치와 커피까지 챙겨 주었다. 오랫동안 이웃으로 지냈지만 이들이 우리를 집으로 부른 것은 처음이었다. 떠나기 직전까지도 뜻밖의 사람들에게서 받은 사랑이 얼마나 따뜻하고 행복했는지 모른다.

이제 우리 인생에서 중국에 머물렀던 25년은 가장 찬란하고 가장 역동적인 여정으로 남아있다. 그 길에서 가장 큰 고난도, 가장 큰 기쁨도 맛보았다. 언제 다시 그곳에 갈 수 있을지 아직은 알 수 없다. 지금 용광로 같은 시험을 통과하고 있는 하나님의 신실한 백성들을 위한 중보 요청을 온라인으로 조심스레 주고받으며, 언젠가 다시 만날 수 있으리라는 소망을 품으며 기다리고 있다.

2부
포르모사(Formosa), 대만에서

01

제2의 선교 지역
– 무릎으로 시작하라

사람들은 새로운 일을 시작할 때 어김없이 사람을 찾고 계획을 세우며 재정을 헤아린다. 그러나 하나님의 일은 달랐다. 그분의 일은 언제나 '무릎'에서 시작됐다.

우리는 모든 사역을 내려놓고, 한국으로 돌아와 1년을 멈춤의 시간으로 보냈다. 겉으로 보기엔 평온했다. 그러나 내면은 달랐다. 마치 전쟁터에서 돌아온 패잔병처럼, 내 마음 한구석은 꺼져버린 화롯불 같았다. 열정을 잃어버린 선교사는 허망했고, 무얼 어떻게 해야 할지조차 알 수 없었다.

그러던 어느 날, 지인의 권유로 한 기도원에 들어갔다. 핸드폰을 끄고 사람과의 대화도 접었다. 오직 기도와 말씀, 그리고 자연과만 마주하는 한 달간의 침묵 수련이었다. 처음에는 이 고요가 익숙하지 않아 참 버거웠다. 하지만 시간이 지나자, 그 적막 속에서 들리지 않던 소리가 들리기 시작했다. 내 심장의 가장 깊은 곳에서, 성령께서 말씀하시는 작은 음성, 나는 무릎을 꿇었다. 그러자 나의 안에 곪아 있던 것들이 하나 둘 드러났다.

사역은 열심히 했지만 성령의 도우심을 전적으로 의지하지 못했던 교만, 내려놓지 못한 자존심, 용서하지 못한 마음의 찌꺼기들 …! 그것들이 하나씩 모습을 드러냈다. 그리고 주님의 손이 그것들을 짚어내 치유하기 시작했다.

한 달이 지나 산을 내려오자 뜻밖에도 길이 열렸다. 1987년 내가 신학생 시절 처음 발을 디뎠던 해외 선교지, 대만이었다. 당시 대만에서의 삶은 결코 쉽지 않았다. 매달 15만 원 남짓한 후원금으로 살아야 했고, 언어학교까지 가는 차비를 아끼려 땡볕 아래 먼 길을 걷기도 했다. 밤이면 더위에 잠을 이루지 못했고, 무엇보다 마음을 짓누르던 것은 늘 도시를 자욱하게 덮는 향불과 대인관계에서의 어려움이었다. 나는 거의 매일 밤 교회 강단의 십자가 앞에 무릎을 꿇고 눈물로 기도하다 지쳐 잠들곤 했다. 그리고 새벽 어스름이 깃들 때 다시 깨어 하루를 시작했다. 너무 심적으로 힘들었기에 다시 가고 싶지 않은 곳이기도 했다.

그러나 한편 돌이켜보면, 그 시간들이 나에게는 가장 귀한 훈련이었다. 만약 여건이 좋았다면, 나는 그토록 간절히 무릎 꿇지 않았을 것이다. 바로 이 고난 속에서 하나님은 내게 '중국 선교'라는 선명한 꿈을 보여주셨다. 그 뒤 20년 넘게 중국에서 살며 복음을 전할 수 있었던 건, 모두 그때 뿌려진 씨앗 때문이었다.

그렇게 중국에서 선교여정을 완주할 줄 알았던 나의 인생은 뜻하지 않은 안개속에 갇혔고 2020년 9월, 전 세계가 코로나로 얼어붙어 사람들이 문을 걸어 잠그던 바로 그때, 하나님은 나와 아내를 대만으로 인도하셨다. 이십 대 청년 시절, 선교의 첫걸음을 떼었던 그 땅에 이제 예순이 된 나를 다시 보내신 것이다.

대만의 별명은 포르모사(Formosa)이다. 포르투갈어로 '아름답다'는 뜻을 지닌 이 말은 16세기 말 포르투갈 선원이 처음 이 섬을 발견하고 풍경이 빼어나게 아름답다 하여 붙여진 데서 유래한다.

그러나 코로나 시기에 우리가 접한 대만은 아름다운 포르모사와는 180도 거리가 멀었다. 대만에 도착하자마자 우리 부부는 방역 정책에 따라 서로 다른 방에 나뉘어 2주간의 격리를 시작했다. 모든 것이 닫힌 그 고립의 시간, 이것은 단순한 격리가 아니었다. 하나님이 우리를 위해 마련하신 작은 골방, 아무것도 할 수 없는 그 고요한 방에서 나는 다시 무릎을 꿇었다. 그때 주님께서 나에게 말씀하셨다.

"무릎으로 시작하라."

33년 만에 다시 선 이 땅은 내게 또 다른 광야 같았다. 중국처럼 사역의 문이 넓게 열려 있는 것도 아니었다. 아는 사람 하나 없었고, 어디서부터 무엇을 시작해야 할지 막막했다.

하지만 주님이 중국에서 주셨던 말씀,

"십자가의 복음을 전하라."

이 음성은 여전히 내 가슴속에 살아 있었다. 땅이 바뀌었을 뿐, 부르심은 변하지 않았다. 수변에서는 걱정의 말도 들려왔다.

"대만과 중국의 관계가 민감해 중국에서 추방당했다면 경계할 거예요."

"대만 사람들은 이미 풍요롭고 안락한 삶에 익숙해서, '자기를 부인하고 자기 십자가를 지라'는 메시지에는 마음을 열지 않을 거예요."

이 목소리들은 마치 가나안 땅을 보고 두려워하던 열 명의 정탐꾼 같았다.

그러나 나는 여호수아와 갈렙처럼 하나님의 말씀을 붙들기로 했다. 사람의 말보다 하나님의 약속이 더 분명했기 때문이다. 그래서 아무것도 갖춰지지 않은 이 땅에서, 단 한 사람을 만나더라도 복음을 전하겠다는 마음으로 걸음을 내디뎠다.

우리는 중국에서 그랬던 것처럼, 진심으로 사람들을 맞이하고, 집으로 초대해 식사로 환대하며 삶을 나누었다. 그러자 작고 소소한 만남들이 하나씩 쌓이기 시작했다. 교제의 문이 열렸고 그들의 가정에 초대받았으며, 작은 소그룹과 교회에서 말씀을 전해 달라는 요청이 이어지기 시작했다. 하나님은 사람들을 통해, 그리고 기도 속에서 하나하나 길을 여시며 우리를 이끌어 가셨다.

돌이켜보면, 대만에서의 사역은 철저히 기도로 시작된 사역이었다. 우리가 먼저 무엇을 한 것이 아니었다. 하나님이 우리를 기도의 자리로 부르셨고, 그곳에서 다시 사명을 새롭게 하셨다. 그리고 우리는 무릎 꿇은 자리에서 사역을 시작해, 한 걸음 한 걸음 주님과 함께 걸었다.

02

하나님 안에 우연은 없다

삶은 예기치 않은 일들로 가득하다. 원치 않았던 문제, 불쑥 다가온 사건들 앞에서 우리는 종종 마음이 흔들린다. "이걸 어떻게 해야 하지?" 그렇게 당황스러운 현실 앞에 설 때면, 기도보다는 손쉬운 해결책에 마음이 끌린다. 가장 빠르고 가장 편한 길, 그러나 그 길이 언제나 하나님의 길은 아니다.

성령의 인도는 하늘에서 갑자기 들리는 음성이나 환상 같은 신비한 현상으로만 주어지는 것이 아니다. 오히려 그것은 가장 평범한 일상 속에서, 누구든지 주님의 뜻을 묻고자 한다면 들을 수 있는 소리다.

대만에 정착한 지 몇 달 되지 않았을 무렵, 아내는 이가 아프다고 했다. 처음에는 별일 아니겠거니 했지만 통증은 점점 깊어졌다. 가까운 치과를 찾았다. 그러나 결과는 생각보다 심각했다. 염증이 심해 최소 두 개의 임플란트를 해야 한다는 진단, 엄두가 안 났고 비용도 상상을 뛰어넘는 금액이었다.

사람들은 조언했다.

"한국이 훨씬 싸요. 한국에 가서 치료받는 게 나아요."

그러나 막 정착한 이 땅에서, 이제 겨우 뿌리를 내리려는 이 시점에서 한국에 나간다는 것은 마음이 허락하지 않았다.

우리는 기도로 이 일을 맡기기로 했다. 기도 중에 문득 떠오른 기억이 있었다. 처음 이곳에 이사왔을 때 한 현지인이 가리키며 말했던 한 마디, "저 치과의 원장님, 제가 아는 그리스도인이에요." 그 말이 마음 한 켠을 두드렸다. 기도하는 마음으로 기억을 더듬으며 우리는 차를 몰아 그 치과를 찾아갔다. 진료실 문을 열고 나는 조심스레 말했다.

"한국에서 온 선교사입니다. 아내가 치료를 받아야 하는데 …"

연세가 지긋한 노의사는 옛 방식 그대로 환자를 맞이했다. 시설은 다소 낙후되어 보였지만 따뜻하게 환자의 형편을 세심하게 살펴 주셨다. 아내는 편안함을 느끼며 훨씬 안심을 했고 나 역시 그러했다.

"요즘은 다들 쉽게 임플란트를 하려고 하지요. 하지만 아직 쓸 수 있는 이가 있다면, 최대한 지켜보는 것도 중요합니다."

의사는 눈물이 쏙 빠지게 아내의 염증을 짜주며 말했다. 진료를 마친 뒤 빙그레 웃으며 덧붙였다. "또 아프면 언제든지 오세요." 진료비는 받지 않았다. 그 손길에는 주님의 사랑의 향기가 배어 있었다.

그리고 그 순간부터 전혀 예상하지 못했던 길이 열리기 시작했다. 치과 의사의 아내는 대만에서 잘 알려진 핸드벨 연주자이자 신학교 음악과 교수였다. 매주 목요일 저녁이면 자기 집에서 남성 중창단을 지도하고 있다면서, 우리 부부에게 상냥한 목소리로 물었다.

"혹시, 목요 찬양 모임에 함께 와 보시겠어요?"

대만에서 만난 첫 그리스도인 치과의사 부부를 통해 사역의 길이 열리다

우리는 기쁘게 수락했다. 알고 보니 그 모임은 수년간 고정 멤버들로만 운영되던, 외부인에게는 좀처럼 문을 열지 않는 동아리였다. 더구나 남성 중심 찬양 모임이기에 외국인 부부를 초대한 것은 무척 이례적인 일이었다. 그럼에도 우리를 따뜻하게 맞아주었다. 악보를 나눠주고 친절하고도 자연스럽게 우리를 찬양의 자리로 인도해 주었다.

당시는 전 세계가 코로나로 대면 모임을 철저히 막고 있을 때였다. 그러나 유독 대만은 딴 세상처럼 평온했다. 하나님께서 가만히 숨겨두신 땅처럼 … 그 땅에서 우리 부부는 처음으로 미음 껏 찬양을 붙렀다

중국에서는 언제나 감시의 눈길 속에 있었기에 찬양조차 마음껏 부를 수 없었다. 그런 우리에게 목요일 저녁의 찬양 모임은 마치 사막에서 만난 오아시스 같았다. 억눌렸던 마음이 찬양 속에서 녹아내렸고, 대만 그리스도인들의 단순하고 따뜻한 교제에 스며들 수 있었다. 형식과 엄격함이 아닌 기쁨과 진심이 흐르는 편안한 찬양의 시간은 우리에게

신선함 그 자체였다.

찬양이 끝난 후, 다 함께 차를 마시며 도란도란 이야기를 나누는 시간에 의사 부부는 우리를 회원들에게 소개했다.

"중국에서 오랜 시간 사역하신 선교사님 부부입니다."

그리고 우리에게 중국 이야기를 들려달라고 청했다. 나는 짧게나마 간증을 나눴고 중국의 형제자매들을 위한 기도를 부탁드렸다.

이틀 후, 낯선 번호로 전화가 걸려왔다.

"황 장로입니다." 처음 듣는 이름이었는데, 그는 이렇게 말했다.

> "그날 중국 이야기를 듣고 큰 감동을 받았습니다. 혹시 저희 교사 신우회 모임
> 에 오셔서 말씀을 나눠주실 수 있으시겠습니까?"

이렇게 황 장로님과의 동행이 시작되었다. 목요 찬양 모임에는 이후 몇 번 더 참석하다가 코로나로 인해 중단되었지만, 하나님은 이 모임을 통해 황 장로님 부부와 우리를 연결시키셨고, 이 만남은 이후 대만 사역의 든든한 동역으로 이어졌다!

아내의 치통에서 시작된 그 모든 놀라운 과정을 지나며 한 가지가 더욱 분명해졌다. 기도하는 자에게 결코 우연은 없다는 사실이다.

하나님은 우리가 드린 작고 연약한 기도에도 응답하신다. 때로는 고통을 통해, 막힌 길을 통해, 예상치 못한 방법으로 우리를 인도하신다. 그분은 만남을 예비하시고, 문을 여시고 그 안에서 일하신다.

> "하나님을 사랑하는 자, 곧 그 뜻대로 부르심을 받은 자들에게는 모든 것이 합
> 력하여 선을 이루느니라."(롬 8:28)

일보다 사람

- 하나님은 일을 통해 사람을 만지신다 -

"주님, 이 책이 주님의 손에 들려 수많은 영혼을 살리는 오병이어가 되게 하소서."

2019년, 한국에서 우리의 첫 번째 책 『광야에 세우는 십자가』가 출간되었을 때, 우리는 간절한 마음으로 이렇게 기도했다. 이 책은 중국에서 공안의 감시를 피해 기적처럼 탈고한 원고였다. 어떻게 보면 주님 손에 들린 작은 보리떡 같았다.

그리고 대만에 온 지 두 해가 지나던 2022년, 중국어로 번역되어 대만에서 새롭게 태어났을 때, 우리는 다시금 떨리는 마음으로 주님 앞에 무릎을 꿇고 동일한 기도를 올려드렸다.

그 여정은 단순히 '출판'이라는 말로는 담아낼 수 없는 믿음의 길이었다. 하나님의 세밀한 인도와 기적 같은 만남들이 실처럼 얽히고 엮인 은혜의 길이었다. 우리는 단지 원고를 번역하고 책을 내는 것으로 끝내고 싶지 않았다. 번역과 교정에 참여하는 이들이야말로 누구보다 그 책을 깊이 읽을 독자들이었다. 그래서 간절히 바랐다. 그들이 십자가의 도를 통해 은혜를 입고 삶이 변하는 역사가 일어나길! 그리고 하나님은 우리의 기도에 놀랍도록 응답하셨다.

첫 책을 번역할 즈음만 해도 AI 번역은 지금처럼 정교하지 않았다. 게다가 대만에서 한국어와 신학을 함께 이해할 수 있는 번역가를 찾는 일은 모래 사장에서 진주를 찾는 것처럼 막막했다.

그러던 중 한 지인을 통해 왕 선생 부부를 소개받았다. 중국계 화교인 그들은 한국에서 20년 넘게 살았고, 이미 한국 기독교 서적을 번역한 경험도 있었다. 우리 마음에 한 줄기 희망이 스쳤다. 기도하는 마음으로 번역을 부탁드렸다.

하지만 금세 장애물이 나타났다. 두 분은 막 새로운 사업을 시작했다는 소식이었다. 생계가 걸린 일이라는 걸 알기에 이해하면서도, 솔직히 마음 한켠에 실망이 밀려왔다. 이 책은 단순한 간증이나 수필이 아니었다. 십자가의 깊은 진리를 담은 글이었기에, 전적인 집중 없이 번역될 수 없음을 알았기 때문이다. 그래서 우리는 다시 무릎을 꿇었다.

> "주님, 이분들이 사업 때문에 번역을 방해받지 않게 하시고, 오히려 이 책을 통해 십자가의 도를 깨닫고, 영혼이 살아나는 은혜를 입게 하소서."

코로나의 어수선함 속에 번역이 시작됐다. 몇 차례 비대면으로 토론을 이어가던 중, 놀라운 변화의 기운이 보이기 시작했다. 처음에는 부인인 송 선생께 번역을 부탁드렸는데, 어느새 남편 왕 선생도 깊게 참여하기 시작했다. 신중히 내용을 조사해 우리에게 의견을 보내주고, 마치 자신의 일인 듯 열정을 쏟았다. 그들 부부는 우리에게 말했다.

> "부부가 이렇게 신앙적인 대화를 깊이 나누어본 것은 처음이에요."

그리고 어느 순간, 사업보다 번역이 삶의 중심이 되어가는 것이 느껴졌다. 그 번역과 토론의 시간은 단순히 언어의 문제를 다루는 시간이 아니었다. 영혼이 다듬어지고 주님의 제자로 세워지는 은밀하고 거룩한 시간이었다. 언제부턴가 왕 선생 부부는 우리의 절친한 동역자가 되었다.

"여러 번 한국어 책을 번역했지만, 저자와 이렇게 깊이 교류해본 건 처음입니다."

그들은 이렇게 고백하며 온 마음을 다해 함께해 주었다. 책이 완성될 무렵, 대만 목사님에게 추천서를 부탁드릴 때도 앞장서 도와주었다. 어느덧 왕 선생은 자신이 번역한 이 책을 들고 교회 소그룹을 인도하고 있었다. 후에는 우리와 사역지를 방문했고, 동남아 단기 선교에도 동행했다. 그들의 발걸음은 이미 우리와 같은 선교의 길 위에 놓여 있었다.

번역을 통해 선교의 동역자가 된 왕 선생 부부와 함께 대만대학 정문에서

초벌 번역이 끝나자 이제는 교정을 맡아줄 전문가가 필요했다. 그러나 언어적 정밀성과 신학적 깊이를 겸비한 이를 찾는 것은 쉽지 않았다. 그때 문득, 황 장로 부인이 중문학을 전공하고 국어교사로 은퇴하신 분이라는 생각이 났다. 관계가 이제 막 시작된 단계라 조심스러웠지만, 우리는 어느 날 원고 일부를 들고가서 조심스레 여쭈었다.

"혹시 3주 정도만 이 원고를 한번 살펴봐 주실 수 있을까요?"

그분은 주저 없이 말씀하셨다. "한번 해보지요." 그러나 교정은 생각보다 더디게 진행됐다. 꼼꼼한 성품에 건강까지 좋지 않아, 교정은 어느새 6개월에 접어 들었다. 하지만 우리는 조금도 조급하지 않았다. 오히려 그 느린 걸음이 감사했다. 황 장로 부인은 말했다

> "읽는 중에 감당할 수 없는 은혜와 감동으로 몇 번이나 눈물을 흘렸습니다. 그럴 땐 교정을 멈추고 화장실에 가서 눈물을 닦고 다시 나와 교정하곤 했지요."

교정 작업이 이어지는 수개월 동안 우리는 그분들을 자주 집으로 초대했다. 함께 식탁에 둘러앉아 교정을 하고, 식사를 하며 삶을 나누고 때로는 깊은 이야기를 주고받았다. 언젠가부터 우리는 서로의 영혼에 스며든 가족 같은 존재가 되어 있었다. 이분들은 우리를 통해 선교의 부르심에 도전을 받았다고 하셨다. 황 장로 부인은 은퇴 후에 문서사역에 헌신하겠다고 하나님께 기도드렸던 응답이라고 감격하셨다. 그리고 우리는 그분들로부터 겸손과 배려 깊은 사랑을 배웠다.

사실 이 부부는 교사를 하면서 30년 전에 교회를 개척한 사역자이셨다. 그리고 객가인(客家人)인 황 장로님은 객가 선교를 위해 전국에 교회를 개척하는 것을 적극적으로 돕는 선교적 삶을 살고 계셨다. 그런

문서 사역과 객가 선교의 길을 열어준 황 장로 부부

데도 교정 작업을 마친 후 황 장로 부부는, 70세가 넘은 나이에 선교학을 공부하지 않았다는 마음에 신학교에 입학해, 젊은 학생들과 기숙사 생활을 함께하며 선교학을 공부했다. 그뿐 아니라 우리가 쓴 책을 품에 안고 많은 이들에게 복음을 전하기 시작했다.

어느덧 3년이 흘러, 얼마 전 우리는 그분의 졸업식에 참석했다. 두 분의 존재는 이미 신학교에서 전설과 같이 회자되었고 학업과 선교 실천 모든 영역에서 보여준 모범적인 행보는 많은 사람들에게 큰 도전과 격려가 되었다. 우리 부부는 마음속에서 눈물이 북받쳐 오름을 느끼는 가운데 마음 깊은 곳에서 축하를 드렸다. 참으로 아름다운 순간이었다.

이 모든 과정을 지나며 우리는 다시금 고백하지 않을 수 없었다. 사역에서 가장 중요한 것은 '일'이 아니라 '사람'이라는 것을.

출판의 성과나 사역의 확장보다 하나님께서 한 사람 한 사람을 만나시고, 만지시고, 변화시키시는 그 과정을 보는 것이 우리에게는 더크고 깊은 기쁨이었다. 책은 시간이 지나면 잊혀질 지 모른다. 그러나 이 책을 통해 하나님을 만난 한 사람의 삶은 영원히 남는다. 그것이 우리가 이 길을 계속 가는 이유이다.

04

한 걸음 더
– 믿음은 언제나 안전지대를 떠나 한 걸음 더 나아가는 것 –

책의 원고가 완성된 후, 내 마음에는 조용히 피어오르는 하나의 소망이 있었다. 대만의 대표적인 여섯 개 교단, 보수와 진보를 아우르는 신학교와 교회 지도자들에게 이 책의 추천을 받고 싶다는 소망이었다.

아내는 "추천서가 너무 많지 않아요?" 하면서 우려를 밝혔다. 하지만 내 마음에 주신 감동은 분명했다. 아무리 생각해도 꺼뜨릴 수 없는 불씨 같았다. 솔직히 스스로에게도 물었다.

'대만에 온 지 고작 1년 남짓 밖에 되지 않은, 이름 없는 한국 선교사에게 선뜻 추천서를 써줄 대만 교회 지도자들이 과연 있을까?'

그러나 나는 또 한 번 산을 넘고 싶었다. 믿음은 늘 안전지대에 머무르지 않는다. 하나님께 쓰임 받은 사람들은 언제나 안락한 자리가 아니라, 도전의 자리로 부르심을 받았다. 하나님은 여호수아에게 말씀하셨다.

"강하고 담대하라 내가 너와 함께 하겠다."

도전은 때로 불편함을 동반한다. 그러나 이 불편함은 하나님의 역사와 기쁨을 맛보게 되는 통로가 된다. 많은 사람들은 쉽게 말한다.

"이 정도면 됐어. 여기까지만 하자!"

그러나 도전하지 않는 사람은 결코 자기 한계를 넘어서는 기적을 경험할 수 없다.

대만에서 많은 사람들과 교제하면서 중국에서 만났던 사람들과 닮은 점, 또 다른 점들을 새삼 깨닫곤 했다. 일본처럼 대만은 '남에게 폐를 끼치는 것'을 매우 꺼리는 사회이다. 이것이 중국과 가장 크게 다른 부분이었다. 그래서 한국이나 중국식의 적극적이고 직선적인 호의가 때로는 대만 사람들의 마음을 불편하게 할 수도 있었다. 정중하면서도 진심이 느껴지는 요청이 필요했다. 우리도 그만큼 더 기도하며 지혜를 구했다.

추천을 부탁드린 여섯 분 목사님들 중에서 가장 마음에 부담이 컸던 분은, 대만대학교 앞 루터교회 '진리당'을 담임하시던 양닝야 목사님이었다. 이 교회는 대만에서 활발히 진행 중인 부흥 기도 소그룹, 즉 RPG(Revival Prayer Group)의 중심지였고, 양 목사님은 대만 교회에서 매우 영향력있는 영적 지도자 중 한 분이셨다. 처음에 이분이 인도하시는 RPG 리더 모임에 참석했을 때, 나는 그 분의 깊은 영적 리더십에 매료되었다. 동시에 이분께 꼭 추천서를 받고 싶다는 갈망이 마음에 피어올랐다.

하지만 현실은 만만치 않았다. 이분은 매우 바쁘셨고, 이미 대만 교계에서 가장 많은 추천 요청을 받는 분 중 한 분이셨다. 그래도 나는 포기하지 않았다. 기도하며 길을 찾았다. 감사하게도 번역을 도와주셨던 분이 교회 비서의 연락처를 수소문해 주셨다. 우리는 조심스레 원고를

대만에서 중국어판으로 출간한 『광야에 세우는 십자가』

보내며 추천서를 부탁드렸다. 그리고 계속 기도하며 응답을 기다렸다.

한 달이 넘도록 아무 소식이 없었다. 마음이 흔들렸다. '이쯤에서 포기해야 하나 ….' 그러나 마음 속에서 들려오는 또 다른 음성은 '조금만 더, 한 걸음만 더 …'라고 속삭였다. 다시 삼고초려하는 마음으로 만남의 때를 기다렸을 때 마침내 기회가 주어졌다. 양 목사님은 처음 보는 무명의 선교사가 촉박하게 추천을 부탁드렸음에도 부드럽고 따뜻한 목소리로 말씀하셨다.

> "제 책상 위에는 추천 요청을 받은 책들이 많이 쌓여 있습니다. 그런데 이 책 제목에 '십자가'가 들어가 있어서 제 눈에 들어왔습니다. 시간을 내어 꼭 읽어보고 답을 드리지요."

이 말을 듣는 순간, 마치 엘리야가 본 손바닥만 한 구름처럼 하나님께서 일하기 시작하셨다는 확신이 밀려왔다. 그리고 또다시 한달 후 약속된 날 아침, 양 목사님 추천서가 도착했다. 긴장과 설렘을 함께 안

대만에서 중국어판으로 출간한 『십자가의 제자도』

고 이 글을 읽는 순간, 우리 부부는 하나님께서 직접 들려주시는 위로의 음성을 듣는 것만 같아 감격의 눈물을 흘렸다.

"황 선교사와 같이 예수 그리스도의 십자가를 깊이 사랑하고, 오랜 시간 묵상하며 경험해 온 저자의 태도는 참으로 드뭅니다 … 이 책은 단순히 부부가 협력해 만든 책이 아닙니다. 십자가 신학과 사역의 열매까지, 주 안에서 함께 부서지고 함께 지어져 온 부부의 진실한 여정이 담겨 있습니다."

"이처럼 보배롭고 능력 있는 메시지는 전 세계의 신자들이 꼭 읽어야 할 것입니다."

놀라운 일은 거기서 멈추지 않았다. 양 목사님은 자신의 은퇴식에서 참석한 모든 내빈에게 『광야에 세우는 십자가』를 선물로 주셨다. 많은 책 중 하나가 아닌, 오직 이 책만 은퇴 기념으로 증정하신 것이다.

우리는 이분과 깊이 교제할 기회가 많지 않았지만, 그 결단과 마음을 통해 영혼 깊은 곳에서 통하는 교감을 느낄 수 있었다. 마치 평생 사역을 '십자가' 라는 주제로 요약해 자신의 고별 메시지를 이 책으로 대신 전하시는 것 같았다. 그리고 이 책은 양 목사님의 추천을 통해 천 권 이상이 대만 안팎으로 보급되었다. 할렐루야!

출판 이후의 문은 우리 생각보다 훨씬 더 넓고 빠르게 열렸다. 20여 년의 선교 경험이 농축된 책을 들고 우리는 대만 방방곡곡을 돌았다. 교회에서, 신학교에서, 가정 모임에서, 목회자 훈련 현장에서 … 책을 통해 십자가의 복음이 다시 살아 움직이기 시작했다. 편리함과 안락함을 추구하는 대만 사회를 향해 "자기를 부인하고 자기 십자가를 지라"는 복음이 선포되었다.

처음에는 상상조차 하지 못했던 사람들이 이 메시지를 듣고 눈물을 흘렸다. 광야 같던 대만 땅, 길이 없던 이곳에서 하나님은 길을 여셨다. 책이 길이 되었다. 만남이 길이 되었다. 그리고 하나님의 은혜가 확실한 증거가 되어 길을 밝혔다.

이 모든 살아 있는 역사를 눈앞에서 목격한 나는 곧바로 두 번째 책 『십자가의 제자도』 집필에 들어갔다. 놀랍게도 첫 번째 책보다 훨씬 빠른 속도로 집필과 출판이 진행되었다. 필요한 모든 재정도 하나님께서 정확히 채워주셨다. 이제 두 권의 책은 우리가 직접 갈 수 없는 곳, 만날 수 없는 사람들에게까지 다가가 복음의 메시지를 전하고 있다. 대만 곳곳에서, 신학교 강의실에서, 작은 교회의 서가에서, 목회자들의 책상 위에서 ─ 이 책들은 조용하지만 강력하게 복음의 행진을 이어가고 있다. 그리고 지금도 우리는 여전히 기도한다.

"주님, 이 책이 주님의 손에 들려 수많은 영혼을 살리는 오병이어가 되게 하소서."

05

대만의 지붕에서 영적 순례를 하다

대만의 자연은 참으로 아름답고 다채롭다. 잠시 스쳐가는 여행자는 한국의 1/3도 안 되는 이 작은 땅에 얼마나 다양한 지형과 기후, 문화가 조화롭게 깃들어 있는지 온전히 느끼지 못할지 모른다.

대만 사람들은 '환도(環島)', 즉 섬 전체를 한 바퀴 도는 여행을 즐긴다. 자동차, 오토바이, 자전거, 때로는 배를 타고 섬을 돌며 그 여정을 소중히 여기며 자랑스러워한다. 겉으로 보면 대만은 경상남북도 정도 크기의 작은 섬나라 같지만 속은 그보다 훨씬 길고 넓다.

화산섬 대만의 내륙에는 북에서 남으로 길게 산맥이 뻗어 있고, 해발 3,953m 위산(玉山)을 비롯해 3,000m가 넘는 산봉우리가 268개나 된다. 이 사실을 아는 외국인은 많지 않을 것이다. 어쩌면 이 땅은 그 숨겨진 경이로움만큼이나 하나님이 준비하신 특별한 이야기로 가득한 곳일지도 모른다.

나는 어린 시절부터 산을 좋아했다. 유복하지 못한 환경이었지만, 산에 올라 사방을 내려다보며 크고 넓은 꿈을 품는 호연지기의 마음이 늘 내 안에 살아 있었다. 산에 가면 마음이 이상하게 푸근해졌다. 산은 늘 탐구 대상이었고, 나를 묵상의 자리로 이끌었다.

그래서였을까. 대만에 살면서 나는 이 땅이 마치 내게 주신 깜짝 선물처럼 느껴졌다. 물론 중국에서는 히말라야로 이어진 4-5천 미터 고산과 광활한 고원지대를 여러 차례 다녔다. 그러나 그곳은 너무 멀고 험해 쉽게 갈 수 없는 곳이었다. 그런데 대만은 달랐다. 멀지 않은 거리에 웅장하고 빼어난 산들이 손 닿을 듯 가까이 있었다.

나는 마음속에 늘 '허환산(合歡山)'이라는 이름을 간직했다. 대만의 중앙, 높은 곳에서 사방을 바라보며 이 땅을 향한 영적인 생수가 흘러가길 기도하고 싶었다. 그러나 사역이 바빴고 현지인 안내 없이는 좀처럼 가기 쉽지 않았다. 그래서 늘 마음에만 담아 두었다.

그러던 어느 날, 협력교회 중 하나인 흥산교회의 샤오 목사 부부가 대만의 유명한 호수인 일월담(日月潭)을 꼭 보여주고 싶다며 여행을 제안했다. 여행 중 우리는 언덕 위에 자리한 '일월담 예수당'을 찾았다. 장개석 총통이 세웠다는 이 교회는 지금은 관광지가 되었지만, 여전히 소수가 모여 예배를 드린다고 했다. 샤오 목사는 언덕밑에서 기다린다며 교회로 올라가지 않고, 나만 언덕위로 올라가 교회를 담임하는 요우 목사를 만나 인사를 나누고 우리 책을 전하며 짧은 교제를 나눴다.

그 순간, 샤오 목사를 요우 목사에게 소개하고 싶은 마음이 불쑥 들었다. 나는 곧 대만을 떠나지만 앞으로 두 분이 서로 협력하면 좋겠다는 생각에서였다. 그래서 요우 목사를 모시고 샤오 목사가 기다리는 곳을 향해 언덕을 내려왔다. 그러자 놀라운 일이 일어났다.

내가 소개의 말을 꺼내기도 전에 두 사람은 서로를 보고 놀라움과 기쁨으로 부둥켜안았다. 두 사람은 신학교 시절부터 절친했지만 오랫동안 연락이 끊겨 간절히 찾고 있던 사이라는 것이었다. 내가 그때 두 분을 소개하려고 그 한 걸음을 더 내딛지 않았더라면 이 놀라운 재회는 없었을 것이다. 이 만남을 통해 우리는 요우 목사가 사역하는 리산(梨山)을 방문하게 되었다.

여정에는 한 달 전 아내를 잃은 요우 목사의 동생도 어렵게 설득하여 동행했다. 총 일곱 명이 봉고차에 올라 대만의 가장 높은 산맥, 중앙산맥의 중심부를 향해 떠났다. 첫날은 짙은 안개로 아무것도 보이지 않았다. 깎아지른 절벽을 굽이굽이 올라가는 길은 위험천만해 보였고, 앞자리에 앉은 아내는 두려움에 눈을 꼭 감고 있었다. 요우 목사의 노련한 운전 덕분에 우리는 무사히 허환산 고갯마루를 넘어 '리산 예수당'에 도착했다.

해발 2,000 미터를 넘는 고지에 자리한 이 교회 역시 장개석 총통이 세운 고딕 양식의 아름다운 건물이었지만, 지금은 관광지로만 남은 모습이 왠지 쓸쓸하게 다가왔다. 비어 있던 목사관은 오랜만에 들른 우리 일행으로 찬양과 교제가 가득한 천국으로 변했다. 특히 한 달 전 아내를 잃고 실의에 빠져 있던 요우 목사의 동생은 염려와 달리 대화와 요리에 기꺼이 마음을 내주었고, 우리가 제안한 작은 음악회에서 처음으로 찬양을 불렀다. 가족들은 그가 노래하는 모습을 처음 본다며 조용히 눈시울을 적셨다.

새벽이면 나는 홀로 산상에 올라 대자연과 창조주 하나님을 묵상했다. 2천 미터 고지에서 十틈 속을 걷는 듯한 황홀한 체험을 하며 변화산에서 주님의 영광을 본 제자들이 구름 속에서 무아지경에 빠졌던 마음이 이러했을까를 생각했다. 말로 다 담기 어려운 하나님의 임재가 온몸으로 스며들었다. 그 산 위에서 하나님은 내 마음 깊숙이 다시 물으셨다.

"네가 나를 사랑하느냐?"

나는 조용히 머리 숙여 대답했다.

"예. 주님을 사랑합니다. 주님이 걸어가신 그 십자가의 길을 저도 따르겠습니다."

리산에는 가파른 산을 깎아 만든 과수원과 차밭에서 삶을 일구는 원주민의 마을이 있었다. 우리는 한 민박집에 머물렀다. 조금 불편했지만 주인의 친절과 가족 같은 따뜻함이 큰 위로가 되었다. 여주인 오빠는 은퇴한 목회자였다. 마지막 날, 우리는 은퇴 목사 부부를 만나 그들이 정성으로 시무하는 작은 산상 교회에서 귀한 교제를 나누었다.

불과 이틀 남짓 머무르면서도 우리는 변화무쌍한 산상의 날씨를 경험했다. 구름 속을 걷던 신비한 체험은 잠깐이었고, 늘 축축한 공기와 곰팡이 냄새가 떠나지 않는 이곳은 결코 편안하기만 한 낭만적인 공간은 아니었다. 그 밤에 비는 그치지 않고 내렸고 빗줄기가 거세지자 내심 불안함이 고개를 들었다.

그러던 중 민박집 주인이 한 통의 전화를 받았다. 교인 중 한 노인이 혼자 산에 갔다가 낙상해 세상을 떠났다는 소식이었다. 평소에는 늘 아들이 동행했지만 그날 따라 혼자 나갔다가 변을 당했다는 것이다.

이런 기가 막힌 삶을 일상으로 받아들이며 살아가는 사람들, 마음 한구석이 저려왔다. 이 교회의 사모님은 조용히 말했다.

"우린 날마다 하늘을 바라보며 살아왔어요."

대자연과 더불어 살며 하늘의 변화에 민감하게 반응하는 삶, 하나

허환산에서 바라본 운해(雲海)

님의 시간표에 따라 순종하며 살아가는 삶이 그들의 매일이었다.

돌아오는 길, 기적처럼 날이 맑아졌다. 허환산을 지나며 마침내 장엄하고 찬란한 풍경이 눈앞에 펼쳐졌다. 첫날에는 아무것도 보지 못했던 그곳이 이토록 아름다울 줄이야. 인생도 이와 같지 않을까. 흐림과 맑음, 가림과 드러남이 교차하며 결국 하나님의 선물로 완성되어 가는 여정. 그 산들의 기이한 힘, 변덕스러운 날씨, 압도적인 자연의 위력은 인간의 무력함을 새삼 깨닫게 해 준다.

그래서인지 산상 마을에는 오랫동안 자연을 신격화하는 토속신앙이 존재해왔다. 그러나 우리는 이 모든 자연을 지으신 위대한 창조주 하나님을 더더욱 찬양해야 마땅하다. 광야에서 하나님을 깊이 만나는 것처럼 높은 산에서 우리는 더욱 선명히 하나님의 임재를 느낄 수 있었다. 이 여정은 단순한 여행이 아니었다. 창조주 앞에 겸손히 머리 숙이며 그분의 인도하심을 신뢰하는 삶을 다시 결단하는 거룩한 시간이었다.

06

낮은 곳으로 흐르는 십자가 이야기

대만 사람들과 대화를 나누다 보면 저마다 어떻게 이 섬을 한 바퀴 돌았는지 작은 무용담으로 이야기 꽃을 피우곤 한다. 나 역시 언젠가 꼭 이 섬을 천천히 한 바퀴 돌아보리라 조용히 마음먹었다. 그러나 사역에 쫓기다 보니 그런 여행을 위한 시간을 따로 내지 못했다. 그런데 지금 돌이켜 보니 사역 때문에 찾았던 여러 지역들을 선으로 이어보면 이미 두세 바퀴는 훌쩍 돌아버린 여정이었다.

농촌과 산촌, 어촌을 종횡으로 가르는 길들은 우리 부부에게 출근길이자 또 여행길이 되었다. 처음 연결된 협력교회는 대만 동부 해안에서 멀지 않은 이란현(宜蘭縣) 싼싱(三星)에 있는 조용한 농촌의 작은 교회였다. 첫 만남은 우리가 대만에 도착해 방역 호텔에 갇혀 지내던 첫 주간으로 거슬러 올라간다.

중국에서 함께 동역하던 현지 지도자 한 분이 우리가 대만에 들어온 소식을 듣고 자신이 알고 지내던 대만의 사역자 부부를 소개해 주었다. 이들이 바로 싼싱(三星)교회 장 목사 부부였다.

처음에는 문자로 인사를 주고받았다. 그러나 이 짧은 문장 속에서도 따뜻함과 환대가 느껴졌다. 얼마 지나지 않아 교회를 방문했고, 이 만남으로 우리와 장 목사 부부 사이에 깊은 동역의 관계가 시작되었다.

이야기를 나누던 중 우리는 놀라운 사실을 알게 되었다. 서로 만나 본 적은 없었지만 우리는 과거 중국 내륙에서 놀랍게도 비슷한 지역에서 사역했던 공통점이 있었다. 이들은 중국에 있는 성도들을 통해 우리 이야기를 여러 번 들었다고 했다. 우리가 중국에서 추방당했다는 소식을 들은 후 그들도 중국 사역을 정리하고 떠날 결심을 하게 되었다는 말을 듣고 우리는 깊은 놀라움과 함께 하나님의 인도에 경외감을 느꼈다.

하나님은 이렇게 전혀 예상치 못한 방식으로 우리의 대만 사역의 첫 길을 열어 주셨다. 그 후 우리는 매달 한 번, 2~3일씩 장 목사 사택에 머물며 정기적으로 말씀을 전하고, 목회자 상담과 심방을 함께 했다. 그 여정은 자연스레 우리를 더 깊은 협력의 길로 이끌었다.

싼싱교회는 지진이 잦고 습기가 많은 농촌에 자리 잡고 있었다. 좀 떨어진 산지에는 원주민 부락들이 이어져 있어 원주민 신자도 꽤 있었다. 70여 년 전, 한 외국 선교사가 이곳에 교회를 세웠다. 그때는 구제품을 받기 위해 많은 사람들이 교회를 찾았다. 그러나 시간이 흐르고 경제가 성장하자 점점 사람의 발길이 끊어졌고, 결국 교회는 5년 넘게 문이 닫힌 채 적막하게 놓여 있었다.

그 누구도 이런 열악한 교회에 시원하러 하지 않을 때 중국 선교사 출신 장 목사 부부가 기꺼이 손을 들어 이곳에 왔다. 닫힌 교회 문을 다시 열고 낡은 예배당을 하나하나 정돈하며 눈물로 씨를 뿌리기 시작했다.

십자가 복음의 능력은 언제, 누구에게 가장 깊이 스며드는 것일까? 예수님께서 산상수훈의 첫머리에서 "심령이 가난한 자는 복이 있나니", "애통하는 자는 복이 있나니" 말씀하신 그 선언은 하나님의 복음이 높고 강한 자가 아니라 오히려 낮고 상한 자에게 임한다는 가장 깊은 진리를 담고 있다.

우리는 이 진리를 중국에서도, 그리고 대만에서도 다시금 뼈저리게 체험했다. 중국에서 우리는 고난받는 성도들, 가난한 백성들과 함께 하며 복음이 살아 움직이는 장면을 수없이 목격했다. 체포, 감금, 교회 폐쇄, 추방 같은 극단의 시간 속에서 그들은 오직 하나님의 은혜만을 바라며 '심령이 가난한 자'로 살았다. 그리고 그 속에서 하나님은 참으로 놀라운 반전과 기적을 조용히, 그러나 분명히 이루셨다.

대만은 달랐다. 경제적으로 부유하고, 도시 골목마다 심지어 해발 2천 미터를 넘는 산골짜기에도 어김없이 들어선 편의점은 이 땅이 얼마나 편리함과 안락함을 좇는지 너무나 잘 보여주고 있다. 갈급함이 없어 보이는 사회는 한국과 크게 다르지 않았다. 그러나 아무리 겉으로 부유해 보여도 높은 산맥과 깊은 계곡이 함께 하나의 산을 이루듯 그 사회 안에도 여전히 낮은 곳, 가난하고 상하여 울고 있는 사람들이 분명히 있었다.

우리도 처음에는 그들이 누구인지 잘 알지 못했다. 그러나 십자가 복음을 담은 책이 그들에게 전해지자, 때로는 눈물로, 때로는 통곡으로 응답하며 이 책을 껴안거나 머리맡에 두고 잠든다는 고백을 들을 때 비로소 알게 되었다.

싼싱교회에 나오는 교인들은 경제적으로 어렵고 사회에서 소외된 이들이 많았다. 신체적 장애와 정신적 어려움을 겪는 사람도 적지 않았다. 그런데 바로 이런 사람들이 고정적으로 예배에 참석했다. 주민들은 민간신앙이 뼛속까지 스며든 삶을 살고 있었다. 사회적 활동을 하는

싼싱(三星) 교회 교우들과 함께 예배 후 기념 촬영

젊은이들은 거의 없고 노인들이 농사를 짓고 있었다. 간혹 보이는 젊은
이들조차 불안정한 삶 속에 이리저리 떠돌았다. 그래서 전임 목회자들
이 포기하고 떠났을 것이다. 그러나 이곳에는 분명히 십자가를 높이 든
교회가 필요했다.

우리의 주요 관심 대상은 목회자들이었다. 목회자가 살아야 교회도
살기 때문이다. 사택에서 함께 1박을 하며 목회 이야기를 넘어 개인적
인 삶까지 나누고 함께 기도할 때 생기는 친밀감은, 단순히 집회 시간
에 만나는 것과는 비교할 수 없는 깊이가 있었다.

이는 중국에서 공동체를 통해 우리가 몸으로 배운 진리였다. 그래서
대만에서도 협력교회에 설교하러 갈 때는 꼭 1박 2일 일정으로 교회를
찾았다. 때로는 이틀을 머무르기도 했다. 그럴 때마다 우리는 피차간에
힘과 위로를 얻었다.

코로나로 대면 예배가 어려워졌을 때는 장 목사 부부와 온라인으로

'십자가의 도'를 깊이 공부했다. 숫자적인 부흥이 없다는 이유로 무거운 짐에 짓눌려 있던 그들은, 십자가의 도를 다시 깊이 깨닫고 사람보다 그리스도를 의식하게 되었으며 목회의 본질을 새롭게 붙들었다는 고백을 들려주었다.

우리는 잘 알지 못했다. 그러나 주님은 모든 사정을 아시고 친히 상한 마음을 싸매시며 굽어진 길을 곧게 하시는 것을 보았다. 그리고 일어날 힘을 공급해 주셨다.

"좋은 소식을 전하며 평화를 공포하며 복된 소식을 가져오며 구원을 선포하며 시온을 향하여 이르기를 네 하나님이 통치하신다 하는 자의 산을 넘는 발이 어찌 그리 아름다운가!"(사 52:7)

우리는 십자가 복음을 가득 실은 책들을 싣고 이 찬양을 부르며 굽이진 산길을 달려 하나님께서 예비하신 이들을 찾아갔다. 이 길은 말로 다 할 수 없을 만큼 복되고 가슴 벅찬 설렘으로 가득 찬 길이었다.

그 여정에서 만난 사람 중 씬디라는 자매가 있다.

1박 2일 일정으로 싼싱교회를 찾았을 때 어느 날 장 목사는 사택이 아닌 도시의 조용한 숙소를 소개해주며 이곳에 사는 씬디를 소개해주었다. 활달한 성격의 씬디는 첫 만남부터 마치 오래 알고 지낸 사람처럼 스스럼없이 우리 부부에게 다가왔다.

그녀는 이란 현(縣)에서 그 지역을 홍보하는 책과 영상을 만드는 커리어 우먼이자 복음을 전하는 데 열정을 가진 자매였다. 우리는 늘 그러했듯 그녀에게도 『광야에 세우는 십자가』를 건넸고, 함께 저녁을 먹고 많은 이야기를 나누었다. 그날 밤 숙소에 들어와 잠을 자는데 새벽

3-4시쯤 아내 휴대폰에서 "띵동" 소리가 났다. 씬디였다. 지금 막 우리가 준 책을 거의 다 읽어가는데 너무 감동적이라 도무지 잠을 이룰 수 없다는 내용이었다. 그리고 한 시간쯤 뒤 "띵동, 띵동" 또 문자가 왔다.

"지금 막 다 읽었어요."

우리는 얼떨떨한 기분이었다. 잠이 달아나 피곤하기는 했지만 우리 책을 이렇게 밤새워 읽은 사람은 처음이었다. 신기했고 가슴이 뛸 만큼 기뻤다.

다음 날은 싼싱교회에서 설교하는 날이었다. 씬디는 우리와 함께 가겠다며 차에 올랐다. 열 명 남짓 모인 예배 자리에서 그녀는 자신을 소개하며, 어젯밤 처음 책을 받고 밤새 얼마나 울며 읽었는지를 숨 가쁘게 간증했다. 만난 지 하루밖에 안 됐는데 그녀는 마치 오랜 친구처럼 우리를 다른 사람들에게 소개했다.

이 책을 다 읽고 나면 우리의 지난 20년 세월이 훤히 들여다보이니 어찌 보면 이상할 것도 없었다. 그러나 그럼에도 씬디의 반응은 유난히

복음 카페의 꿈을 일궈가는 씬디 자매(맨 오른쪽)

뜨겁고 파격적이었다. 이후로 우리는 씬디와 더 자주 만나며 조금씩 그녀의 삶을 들여다보게 되었다. 사랑이 많고 복음 전도의 사명을 품은 사람이었다.

그녀는 발이 매우 넓어 주변에 유명한 지인들이 많아 깜짝 놀랐다. 알고보니 방송 일을 통해 지역 유지와 기업가들을 많이 알게 되었다는데 이 모든 관계를 복음 전하는 데 어떻게든 사용하려고 애쓰고 있었다. 대만에서 우리가 만난 그리스도인 대부분은 교회 울타리 안에 머물러 있었지만 씬디가 만나는 사람들은 대부분 비신자였고 사회적으로도 영향력이 있는 사람들이었다.

그녀는 우리가 쓴 책을 열심히 전했고 지인들을 만나는 자리에 우리를 불러 복음을 전하게 하곤 했다. 그리고 머지않아 소그룹 모임을 인도해 달라며 우리를 다시 초대하겠다고도 했다. 그녀는 복음카페를 만드는 꿈을 가지고 있었는데, 기도의 응답으로 어느 카페의 운영을 맡게 되었다. 그런데 카페 2층에는 불상들이 많이 있었다. 씬디는 혼자는 무섭다며 우리 부부가 왔을 때 불상들을 치워 달라고 부탁했다. 우리는 그녀와 함께 기도하고 불상들을 모두 치우고 그곳에서 하룻밤을 잤더니 너무나 기뻐했다.

그러나 씬디에게는 무거운 짐이 있었다. 오랫동안 치매를 앓아 말을 하지 못하고 거동도 못하는 어머니를 전담해야 했다. 오빠들이 있었지만 막내인 그녀가 일찍부터 가장 노릇을 했다. 차마 어머니를 요양원에 보내지 못해 결혼도 미루고, 직장일과 병행하며 지극 정성으로 어머니를 돌보고 있었다.

밖에서 보이는 당당한 커리어 우먼의 모습과 집 안에서의 삶은 그야말로 천양지차였다. 그런데도 씬디는 민머리에 뼈만 앙상히 남은 어머니를 연신 쓰다듬고 뽀뽀했다. 어린 시절 자신에게 모질게 대했던 어머니였다는데 그럼에도 그녀는 "엄마가 나를 지탱해주는 버팀목이에요" 라고 말했다.

씬디는 복음을 크게 전하고 싶은 커다란 꿈을 품고 있었지만 현실은 늘 발목을 잡았다. 그녀는 몸과 마음이 지칠 때면 우리를 찾았다. 우리가 없을 때는 우리 책을 머리맡에 두고 읽는다며 사진을 보내오기도 했다. 그럴 때면 뭉클함과 함께 가슴깊이 미안함이 몰려와 기도하게 된다.

> "주님, 우리가 해줄 수 있는 것이 별로 없어 안타깝습니다. 그러나 주님께는 모든 것이 가능함을 믿사오니 좁은 길, 십자가의 길에서 가장 영광스런 주님을 그녀가 경험하게 하소서 …"

십자가를 지고 걷는 사람들. 사람에게서나 교회에서 제대로 위로받지 못한 이들이 십자가의 복음을 듣기를 간절히 사모하고 그 말씀을 붙들며 또 하루를 살아가고 있었다.

07

대만의 보석, 원주민

    대만에는 본래 16개의 원주민 종족이 있다고 알려져 있었지만, 최근 하나가 더해져 17개가 되었다. 이들은 '오스트로네시아족' 계통으로 한족(漢族)이 이주하기 전부터 대만에 거주해왔다. 대체로 높은 산에 살아 예전에는 '고산족'이라 불리기도 했으며, 현재 인구는 전체의 약 2% 정도이다. 본디 이 땅의 주인이었으나, 중국에서 건너온 사람들에 밀려 산지로 밀려나 소수가 되어버린 이들의 역사는 슬프고도 애달프다. 그저 역사의 뒷자락에서 묵묵히 상처를 품은 채 살아온 사람들, 바로 이들이 대만의 원주민이다.

    대만의 산들을 오르다 보면, 어김없이 원주민 부락을 만나게 된다. 비록 인구는 적지만, 이들은 섬 곳곳의 드넓은 산지에 흩어져 살아간다. 대만에 온 지 얼마되지 않았을 때, 타이베이의 큰 서점에서 원주민 분포 지도를 사서 거실 유리 탁자 밑에 넣어두고 날마다 보았다. 이 작은 섬의 주인들, 그들의 삶이 궁금했다. 하지만 너무 멀고 험한 곳에 살아서 나와는 쉽게 닿을 수 없는 세상이라 생각했다.

    우리가 처음 대만에서 원주민들이 사는 고산지대를 방문한 것은 2020년 성탄절이었다. 전 세계가 코로나로 모든 모임이 금지되고 꽁꽁 얼어붙었던 시기에 대만은 예외였다. 우리가 간 곳은 뿌농 족(族)이라는 원주민 마을이었는데 해마다 성탄절에 열린다는 온 마을의 축제에 참석했다. 깜짝 놀란 것은 약 2천 명의 주민이 빽빽이 모여 있는 장면이었으며, 마을 축제가 근방지역 교회와 성당에서 열심히 준비한 찬양 경연대회로 진행되고 있었다는 사실이었다.

중국에서는 늘 공안에게 쫓기며 선교사 신분을 숨기고 살았던 우리가 아닌가. 그런데 여기서는 선교사를 존귀히 영접하며 첫 순서로 한국 선교사를 소개하였고, 우리는 한복을 입고 준비한 찬양을 불렀다. 그때의 감격은 지금도 잊을 수 없다.

거의 모든 마을 주민이 교회와 성당에 속해 있었고, 마을 최고 지도자는 매우 신실한 그리스도인이자 능력 있는 리더로 존경을 받고 있었다. 얼마나 기쁘고 감사하던지 …! 하나님 나라가 겨자씨같이 점점 자라서 풍성한 나무가 되어 새가 깃들이는 장면을 본 것 같았다. 이것이 우리가 처음 접한 원주민 마을의 첫인상이었다.

그 후 대만을 조금씩 알아가면서 원주민 부락을 좀더 깊이 이해하는 기회가 생기기 시작했다. 가까이는 싼싱교회 교인들 가운데 원주민이 있어 그들의 집과 동네를 방문하며 심방을 했다. 산지 원주민 마을에 가보면, 예외 없이 마을 중심에 교회와 성당이 있고 주변으로 학교가 자리 잡은 것을 볼 수 있다. 학교 운동장과 넓은 공터는 마을 사람들의 각종 행사가 열리는 삶의 마당이 된다.

이러한 놀라운 성과는 초기의 선교사들이 원주민 선교에 특별히 주력했기 때문이다. 전통 신앙이 깊이 뿌리를 내린 덩치 큰 한족 사회에 비해, 원주민 사회는 추장이 믿으면 온 마을이 개종하는 독특한 집단 문화를 가지고 있었다. 그래서 원주민 마을에서는 절과 사당이 보이지 않고, 대신 십자가가 세워진 교회가 있었다. 이 얼마나 가슴 벅찬 일인가. 하나님께서는 사회적으로 소외된 이들에게 복음의 우선권을 선물로 주셨던 것이다.

타이알 족(族) 공동체 "하나님의 부락" – 쓰마쿠스

우리가 다녀본 원주민 마을 가운데 가장 인상 깊었던 곳은 '쓰마쿠스'라는 곳이었다. 어느 날, 협력교회 중 하나인 주베이(竹北)교회 마(馬) 전도사님에게 놀라운 이야기를 들었다.

"쓰마쿠스라는 타이알 족(族) 원주민 마을이 있는데, 그 마을 전체가 기독교 공동체라네요."

처음 듣는 이야기였다. 대만에 이런 곳이 있다니 … 순간, 그곳이 너무도 가고 싶어 마음이 설레었는데, 마 전도사님도 같은 마음이었다.

"하나님의 부락 쓰마쿠스에 오신 것을 환영합니다!"

감사하게도 홍산교회 샤오 목사님께서 이곳을 잘 아신다며 몇몇 목회자들과 동행 여행을 주선해 주셨다.

쓰마쿠스로 향하는 길은 별로 멀지 않았지만 산길은 높고도 구불구불했다. 가끔 운해가 몰려와 길을 덮었고, 비가 내려 더욱 길이 험해졌다. 차창 밖으로 아찔한 낭떠러지를 볼 때마다 마음이 저릿했다. 관광객들은 잠시 여행의 낭만으로 이곳을 찾겠지만, 이 깊은 산속에서 살아야 하는 원주민들의 삶은 얼마나 고되고 외로울까? 원주민 마을을 갈 때마다 느끼는 마음이었다.

마침내 쓰마쿠스 마을 입구에 도착하자, '하나님의 부락'이라고 적힌 팻말이 눈에 들어왔다. 마을로 들어서며 이곳 주민 모두가 그리스도인이라는 이야기를 듣는 순간, 가슴이 뛰었다. 이 마을은 경제 공동체를 이루어, 모든 수입을 함께 모아 공동 지출을 한다고 했다. 농사와 관광업이 주된 생업이며, 마을의 숙박 시설조차 공동 소유로 운영된다는 사실에 놀라움과 감탄이 밀려왔다.

우리 일행은 마을 역사를 잘 아는 장로님을 만나 궁금했던 이야기를 들으며 함께 기도하고 싶었다. 그러나 교회 문은 닫혀 있었고, 목회자는 쉽게 찾을 수 없었다. 나중에 알게 된 사실인데, 원주민 교회 목회자들은 모두 생업에 종사하며 목회를 겸하기 때문에 약속된 시간에만 만날 수 있었다. 잠시 뒤, 밭일을 하나 온 듯한 일흔이 넘은 여 장로 한 분이 흙 묻은 손으로 우리를 맞아 주셨다. 우리는 이분의 이야기를 숨죽이며 들었다.

1970년대, 이 마을은 너무 가난하고 소망조차 보이지 않는 깊은 산골 마을이었다. 그런데 교회 목사님이자 마을 지도자가 하나님께서 주시는 강한 마음을 따라 이스라엘을 방문했고, 거기서 키부츠 공동체를 접하게 되었다. '아, 이거다!' 가슴 속에 번뜩 스친 영감을 붙들고 돌아온 그는, 주민들을 독려해 비탈진 산을 개간해 농사를 시작하고, 교회를 중심으로 재정을 투명하게 공유하는 공동체를 만들기 위해 애썼다. 처음에는 많은 반대와 어려움이 있었지만, 점차 사람들은 하나가 되었고 마을에는 서서히 희망이 피어났다.

그러던 어느 날, 마을 깊은 곳의 원시림에서 신목(神木)이라 부르는 천년 거목군(巨木郡)이 발견되었다. 그 이전까지 이곳은 감히 접근할 수 없는 깊은 숲이었기에, 마을 사람 중 아무도 가본 적조차 없었다. 이 거목군의 발견이 대만 전역으로 알려져 관광객이 몰려왔고, 천혜의 아름다운 자연환경에 이미 잘 정비되고 다듬어진 쓰마쿠스 마을에는 숙박과 관광업 등 새로운 일자리가 생겨 마을이 활기를 띠게 되었다.

이 모든 것은 미래를 놓고 기도하며 준비해 온 목회자의 선견지명 덕분이었다. 그리고 이 마을 주민들은 관광객들에게 당당히 이곳은 '하나님의 마을'임을 알리고 있었다. 그 순전하고 담대한 믿음에 우리는 깊이 감동했다. 하지만 마을의 발전이 한편으로는 세속화의 유혹을 가져오기도 했다. 최근에는 신앙 공동체로서의 색채가 조금씩 옅어지고 있다는 안타까운 기도 제목을 들었다. 우리는 장로님께 손을 얹고 믿음의 선진들이 생명을 바쳐 일궈낸 이 공동체를 지켜갈 사명자를 세워주시기를 간절히 구하며 피차간에 위로를 나누는 시간을 가졌다.

> "주여, 천년 거목보다 더 귀한 믿음의 뿌리가 이 공동체 안에 흔들림 없이 남아 있게 하소서. '하나님의 마을'이라는 이름이 간판이 아니라 삶으로 증거되게 하옵소서. 믿음의 선진들이 눈물과 순종으로 일군 이 공동체를 이어갈 다음 세대를 일으켜 주소서."

티엔푸(天埔) 교회 - 1970년대 성령부흥 운동의 발상지

쓰마쿠스에서 산길을 돌아나오면 '티엔푸(天埔)'라는 마을이 나온다. 이곳에는 1970년대 대만 장로교회 역사에 기록된 성령부흥 운동의 발원지인 티엔푸 교회가 있었다. 나는 기록으로만 접했던 그곳이 쓰마쿠스 가까이에 있다는 사실에 흥분하여 교회를 찾아갔지만, 문이 굳게 닫혀 있어 안타깝게 발길을 돌려야 했다. 그러나 하나님의 인도하심은 늘 놀랍다.

1년 뒤, 대만 동역자들과 우연한 기회에 이 교회 행사에 참석하게 되었고, 주일 설교까지 부탁받게 된 것이다. 겸손한 원주민 목사님은 멀리서 온 나에게 선뜻 강단을 내어주셨다. 나는 이 교회에서 50년 전 성령부흥의 주역들을 만날 수 있다는 사실에 마음이 벅차올랐다.

당시 성령의 역사는 예기치 않은 순간에 임했다고 했다. 가난하고 평범한 네 명의 부녀자가 기도 중 불 같은 성령을 받았다. 이들은 말씀

1970년대 대만 장로교회 성령부흥운동의 발상지 '티엔푸(天埔) 교회 전경

을 그대로 순종하는 사람들이었고, 예언과 치유가 그들을 통해 나타났다. 처음에는 교인들조차 믿지 못하고 배척했지만, 점점 이것이 분명한 성령의 역사임이 드러나며 불길은 티엔푸를 넘어 인근 산지 일곱 원주민 교회로 번져갔다. 길도 없던 시절, 그들은 산길을 밤낮없이 걸어 동족 교회들을 찾아다니며 회개의 복음을 전했고, 그때마다 놀라운 성령의 역사가 일어났다.

하나님께서는 연약한 원주민 부녀자들을 들어 당신의 위대한 일을 이루셨다. 우리는 예배 후, 네 명의 복음 전도자 중 생존해 계시는 두 분을 만나 당시 이야기를 들을 수 있었다. 그중 가장 젊었다던 한 할머님은

"어린 아기를 업고 산길을 걷고 또 걸었지요. 밤이 되어도 머물 곳을 찾지 못하면 계속 걸었어요 …"

라고 담담히 말씀하셨다. 이미 여든을 넘기셨지만, 눈빛은 여전히 총명했고 기도의 향기가 가득했다.

오늘날 원주민 사회는 큰 도전에 놓여 있다. 땅을 지키며 고난 속에서도 신앙과 공동체 의식으로 살아낸 옛 세대는 사라져 가고, 젊은이들은 도시의 화려함을 동경한다. 그러나 도시에서 상처받고, 술과 도박에 빠져 방황하는 이들이 많다는 이야기를 들을 때면 마음이 아프다.

하지만 여전히 복음으로 원주민 공동체를 세우기 위해 헌신하는 신실한 이들이 있다. 티엔푸교회가 그 좋은 예다. 이들은 과거 성령 운동의 추억에만 머물지 않고 선교하는 교회로 방향을 돌려, 지금은 대만을 넘어 선교 사명을 품고 나아가고 있었다. 이것은 돈이 아니라, 영적

타이알 족의 첫수확 감사 의식 – 주민 모두가 돌아가며 절구에 조를 찧고 있다.

비전을 가진 지도자 덕분이었다.

대만의 원주민은 대만을 향한 하나님의 첫사랑과도 같다. 우상과 미신으로 가득 찬 땅에서, 하나님은 당신의 종들을 통해 복음이 닿기 어려운 산지마다 교회를 세우셨고, 온 마을에서 하나님께 예배드리는 작은 천국을 맛보게 하셨다.

우리가 티엔푸를 찾았을 때는 마침 첫 수확을 감사하는 전통 의식이 열리던 날이었다. 어스름이 내려앉은 마을에 사람들이 하나 둘 모여들고, 각 가정에서 정성껏 만든 음식을 긴 탁자 위에 올려놓았다. 마을 원로들이 나와 첫 수확한 조를 절구에 찧어 떡을 만들고, 하나님께 감사기도를 드렸다. 원로들 대부분이 교회 장로님들이자 마을에서 존경받는 지도자셨다.

쌀이나 보리, 밀과 같은 작물은 없고 원주민들이 척박한 산지를 일궈 밭농사로 수확할 수 있는 주요 농작물은 소미(小米)라 불리는 조였다. 작디작은 좁쌀로 찰진 떡을 만들기까지 마을의 여러 사람들이 공동으로 참여하면서 사랑과 유대감이 더해진다. 만들어진 이 떡을 마을에서 제일 나이많은 어른이 가장 어린아이 입에 넣어주는 의식이 행해진다. 전통을 잇되, 가장 어린이를 소중히 여기는 공동체 마음이 느껴졌다.

간단하지만 묵직한 의식이 끝난 뒤, 모두가 준비한 음식을 나누며 담소를 나누었고 잔치는 밤이 깊도록 이어졌다. 하나님을 모르고 우상에게 바치던 첫 소출을, 이제 마을이 복음화되어 많은 사람들이 하나님께 감사드리는 이 장면이 내 마음에 깊은 감동으로 새겨졌다. 우리가 꿈꾸는 것이 종족의 정체성을 버리지 않으면서 복음화되는 바로 이런 모습이 아닌가!

동시에 마음속에서 간절한 기도가 올라왔다.

"주님, 비록 세상에서는 부요하지 못하고 인정받지 못할지라도, 하나님께 가장 큰 감사를 드리는 이들의 신앙 공동체가 세대를 넘어 대대로 이어지게 하시고 세상의 물질문명에 휩쓸리지 않도록 이들을 보호하소서!"

08

대만에서 가장 전도가 어려운 객가인(客家人)

대만에서 '객가인'은 매우 특별한 사람들이다. 이들은 원주민이 아니며 그렇다고 하나의 엄연한 종족이라 부르기도 모호하여 흔히 한족(漢族)에 포함시키거나 혹은 별도로 '하카(客家,Hakka)'라 부르며 구분한다.

먼 옛날, 중국 북방에서 끊임없는 민란과 재난을 피해 남쪽으로 내려온 이들이 있었다. 그들은 푸젠성과 광둥성 곳곳에 뿌리를 내렸고, 시간이 흐르며 상당수가 대만과 동남아로까지 흘러들어갔다. 그래서일까, '동방의 유대인', '화교의 뿌리'라는 별칭이 그들에게 붙여졌다.

수백 년에 걸친 긴 이동의 역사 속에서, 이들은 한족과 뒤섞이며 살았지만 결코 자기 정체성을 잃지 않았다. 오히려 더 굳게 자신들만의 공동체를 세워 언어와 풍습을 지켜왔다. 외부 침입에 대비해 마치 작은 성처럼 지은 전통 가옥 토루(土樓)는 오늘날 관광객들에게도 잘 알려져 있다. 그리고 무엇보다 조상숭배는 그 강력한 단결의 중심에 자리잡았다.

이런 이유로 대만에서 객가인의 기독교 비율은 고작 1%도 채 되지 않는다. 대만의 수많은 종족 중에서 가장 낮은 수치이며, 대만에서 복음을 전하기 가장 어려운 사람들이다. 그런데 신기하게도 하나님은 우리를 객가 선교의 길로 이끌어 가셨다. 처음에는 객가인에 대해 아는 것이 아무것도 없었다. 그러던 어느 날, 우리는 황 장로님을 만났는데 그가 바로 객가인이었다. 이 분을 목요찬양 모임에서 처음 알게된 사연은 앞에서 서술한 바 있다.

명문대를 나온 수재이자 전통적인 객가 대가족의 울타리에서 자란 그가 예수를 믿게 된 것은 실로 놀라운 일이었다. 더 놀라운 것은 이들 부부를 통해, 하나님께서 이미 30년 전 복음의 불모지 같던 곳에 교회를 세우셨다는 사실이었다. 그뿐 아니라 지금도 국내 곳곳에 객가 교회 개척을 지원하며, 선교에 열심을 내고 있다는 이야기를 들었을 때, 나는 경이로움을 느꼈다.

황 장로 부부는 우리 문서 사역에 큰 손길이 되어 주었다. 뿐만 아니라 자신들이 섬기는 사역의 자리마다 우리를 기쁘게 초청하고 형제자매들에게 우리를 소개했다. 덕분에 황 장로님을 통해 객가인 그리스도인들을 많이 알게 되었다. 그리고 이들이 가문에서 퇴출당할지 모를 두려움을 무릅쓰고 어떻게 예수를 믿게 되었는지, 하나씩 그 간증을 들을 때마다 하나님의 구원이 사람에게 어떻게 찾아오는지 새삼 놀라고 또 깊이 감동을 받았다.

이렇게 주님은 우리 부부를 대만의 객가 선교의 길로 이끌어가셨고 우리는 그들의 애환과 그 가운데 일하시는 하나님의 손길을 더깊이 경험하게 되었다.

8-1 믿음의 여전사와 주베이 가정교회

어느 날, 황 장로님이 조용히 말씀하셨다.

"주베이 근처 바닷가 마을에 가정교회를 세우려 합니다. 준비 기도회에 함께 가보시겠습니까?"

우리는 망설이지 않고 그 길을 따랐다. 이곳에서 처음 마주친 분이 마(馬) 전도사님이었다. 일흔을 훌쩍 넘긴 작은 체구의 여성, 자신을 '50% 객가인'이라 웃으며 소개한 이분은 오랜 교직 생활을 마친 후, 편안한 노후의 부름을 뿌리치고 신학의 길로 들어선 분이었다. 마음속 깊이 간직했던 중국 선교의 부르심을 따라, 홀로 오지를 누비며 복음을 전했다는 이야기를 들으며, 우리는 이분의 지난 시간을 조심스레 상상해 보았다. 대만 교인 중에 중국에 들어가 복음을 전하는 단기 선교사들을 여럿 보았다. 그러나 가정주부가 인생의 후반부를 통째로 해외 선교에 내어준다는 것은 결코 쉽지 않은 일이었으리라.

대만으로 돌아온 마 전도사님은 자신이 태어난 고향 마을을 다시 바라 보았다. 아직도 교회 하나 없는 그곳에 십자가를 세워야겠다는 사명이 마음에 불붙었다. 그러나 그 땅은 조상 숭배와 전통신앙이 깊게 뿌리내린 객가 마을이었다. 예배당은커녕, 모임 장소조차 허락되지 않는 곳.

그때, 문득 중국에서 보았던 가정교회들이 떠올랐다고 했다. 교회 건물이 없어도 가정에서 예배드리는 가정교회! 결국 전도사님은 자신의 전 재산을 들여 작은 아파트를 마련해 거주하며 교회를 시작하기로 한 것이다. 우리는 이 고백을 들었을 때 마음에 큰 감동을 받았다.

그날 준비 기도회에는 열 명 남짓한 형제자매들이 함께했다. 그러나 각자 속한 교회가 있던 터라, 정기적으로 함께하기는 어려운 사람들이었다. 결국 우리 부부는 이 귀한 개척교회 사역에 동참하기로 마음을 정했다.

우리 집에서 주베이까지는 서해안 고속도로를 따라 한 시간쯤 달린 뒤, 다시 좁은 시골길로 접어들어야 했다. 창밖으로 펼쳐지는 풍경은 늘 우리를 감탄하게 만들었다. 좌우로 펼쳐진 푸른 들판, 반짝이는 바다, 저 멀리 솟은 산과 흘러가는 구름들. 이 풍경들은 매번 다른 색으로 우리를 맞아 주었고, 마침내 거대한 불상과 크고 작은 산당들이 보이면, "이제 거의 다 왔구나" 싶었다.

우리는 중국에서 해왔던 것처럼, 전도사님 집에서 함께 숙식하며 교제하고, 교회의 그림을 그리며 기도하기 시작했다. 대만에서는 외부 사역자가 오면 설교만 하고 돌아가는 경우가 대부분이었다. 그러나 우리는 1박 2일씩 머물며 같이 먹고 자고 살아가는 방식으로 동역하기를 원한다고 말씀드렸다.

그러자 전도사님은 조심스레 말했다. "침대가 제 것 하나밖에 없는데 … 괜찮으시겠어요?" 우리는 웃으며 대답했다. "저희는 한국 사람이라 바닥이 더 익숙합니다." 이렇게 우리의 동역이 시작되었다.

2년 반 동안, 매월 세 번째 토요일이면 우리는 주베이를 찾았다. 주일에는 내가 설교를 맡았고, 전도사님은 마을 구석구석을 누비며 복음을 전했다. 아내는 같은 여성으로서 전도사님과 마음을 깊이 나누었다. 홀로 교회를 세운다는 것이 어떤 싸움과 상처를 수반하는지, 그 고단함을 몸으로 느낄 수 있었다. 한 사람 한 사람에게 귀 기울이고, 삶에 스며들어 그들을 예배의 자리로 이끄는 일은 말로 다 할 수 없는 헌신

주베이 가정교회를 개척한 마 전도사님과 함께

이었다. 세 개의 방 중에서 큰 방은 예배실이 되었고, 예배가 끝나면 거실로 옮겨 함께 식사를 했다. 이 모임은 마치 초대교회 모습을 닮아 있었다.

하지만 이 모든 일을 70대 중반의 여전도사님이 혼자 감당한다는 것은 참으로 벅찬 일이었다. 그래서 우리는 자주 김치를 담가 갔다. 생각보다 인기가 대단해, 한국 김치를 먹으러 교회에 오는 사람도 있을 정도였다.

마 전도사님은 가난한 집안의 장녀로 일찍부터 가장의 책임을 졌다. 결혼 후에도 그 무게는 더해졌다. 어린 시절 가족들이 교회를 다녔지만 신앙을 지킨 것은 자신뿐이었다. 어머니가 가장 아끼던 막내 남동생은 도박으로 가산을 탕진한 뒤 행방조차 알 수 없다고 했다.

"수고하고 무거운 짐 진 자들아 다 내게로 오라."(마 11:28)

겉으로는 강인해 보이던 전도사님의 삶은, 사실 눈물과 상처로 얼룩져 있었다. 우리는 이분께 중국에서의 여정을 담은 『광야에 세우는 십자가』의 미출간 원고를 건넸다. 며칠 후, 전도사님이 밤늦게 장문의 메시지를 보내오셨다.

"읽다가 방성대곡을 했습니다."

이 고백에 우리는 하나님의 손길이 이 깊은 만남을 이끄셨음을 깨달았다.

복음은 고난의 땅에서 더욱 진하게 살아난다. 시어머니 눈을 피해 예배에 오는 자매, 악령의 공격으로 불면증에 시달리다 늦잠을 자는 자매, 음식을 준비하느라 예배가 끝날 즈음에야 도착하는 자매. 우리는 그들을 품으며 함께 노래하고, 함께 기도했다. 예배 시간 문을 열고 들어오는 이들을 볼 때마다 마치 천사를 만난 듯 가슴이 뛰었고, 복음의 말씀이 그 자리에서 생명의 빛을 발했다.

개척교회는 설교만으로 세워지지 않는다. 삶으로, 섬김으로, 눈물로 증명해야 한다. 77세가 된 마 전도사님은 여전히 동역자 없이 홀로 이 모든 짐을 지고 있었다. 우리는 마치 모세의 팔을 붙든 아론과 훌처럼, 전도사님 곁에서 성령의 불이 꺼지지 않도록 함께 머물렀다.

매번 준비한 '김치 선교'도 큰 몫을 했다. 작은 아파트 교회는 점점 사랑이 흐르는 공동체로 자라났고, 그 이듬해 성탄절 연합 집회에는 무려 60명이 넘는 사람들이 참석하는 기적 같은 일이 일어났다. 할렐루야!

그러나 부흥이 오자 어김없이 사단의 공격이 시작되었다. 상상할 수 없는 고난이 전도사님 가정을 흔들었고, 가족들은 오히려 그분을 비난하며 등을 돌렸다. 우리는 그 모든 과정을 지켜보며 이 땅에서 교회를 세운다는 것이 얼마나 치열한 영적 전쟁인지 뼈저리게 느꼈다. 할 수 있는 것은, 그저 무릎 꿇고 기도하는 것뿐이었다.

반년이 지나자 전도사님의 가정 문제는 기도대로 돌파구가 열렸지만, 2년이 넘도록 예배 장소나 후임자를 찾지 못했다. 마 전도사님에게는 구순을 훌쩍 넘기신 남편이 계셔서 더 이상 집을 비울 수 없는 형편이었다. 우리는 함께 기도하며 동일한 감동을 받았다. 전도사님은 마지막으로 풍성하고 따뜻한 예배와 교제 시간을 준비하여 모든 교우들을 초대했고 이후 아파트를 팔아 또 다른 선교 사역을 돕기로 결단했다.

'주베이 가정교회는 실패한 선교인가?' 나는 조용히 마음에 묻는다. 아마도 세상의 눈으로 보면 그렇다고 할 것이다. 그러나 우리는 마 전도사님과 함께 이 교회를 섬기면서 예수님의 모습을 더 가까이서 보았고 그분의 임재를 느꼈다. 함께 울고 웃으며 십자가로 맺어진 복음의 연대는 결코 끊어지지 않았음을 믿는다.

이는 우리 부부가 선교지에서 터득한 사실이다. 눈에 보이는 교회는 흩어졌지만, 보이지 않는 교회—성도들의 마음은 여전히 하나로 이어져 있다. 우리는 SNS를 통해 여전히 말씀을 나누고, 삶을 격려하며, 같은 하늘 아래, 같은 주님을 바라보고 있다. 십자가를 붙들고 모든 것을 쏟아부어 헌신했던 그 시간이 결코 헛되지 않았음을 우리는 믿는다.

8-2 객가 마을 흥산(橫山) 교회 이야기

전통 깊은 객가 가문에서 자란 한 젊은이가 있었다. 그는 한때 극심한 우울증에 빠져 있었다. 너무 깊은 절망 속에 있었기에 가족조차 그를 더 이상 어찌할 수 없었다. 그저 살아만 주기를 바랄 뿐! 더 이상 기대할 희망이 없었다. 그러나 이 고난이 기이하게도 하나님의 은혜를 만나는 문이 되었다. 어느 날 친구가 그를 교회로 이끌었을 때, 가족은 아무도 반대하지 않았다. 사실 이미 마음에서 포기했기에, 그가 어디를 가든 관심조차 두지 않은 것이다.

만약 그의 삶에 그런 쓰라린 실패와 눈물이 없었다면, 엄격한 객가 대가족 환경에서 그는 아마 주님을 만날 기회를 얻지 못했을 것이다. 하나님은 그의 눈물을 기쁨으로, 절망을 소망으로 바꾸셨다. 그리고 지금 그는 대만을 넘어 동남아까지 품는 선교를 감당하는 주님의 종이 되었다. 그가 바로 샤오(蕭) 목사이다. 앞에 언급했던 바, 대만의 고산인 허환산을 함께 갔던 그분이다.

샤오 목사 부부는 신학교를 마친 뒤 사람들이 몰리는 도시가 아니라, 교회 하나 없는 깊은 산골을 사역지로 삼았다. 이곳은 이름마저 산에 둘러싸인 '흥산(橫山)'이었다. 객가 사람들이 집성촌을 이루어 살고 있었고, 민간신앙이 뿌리 깊이 내려 있는 마을이었다. 이곳에서 복음을 전하는 일은 단순한 열정으로는 될 수 없었다. 오직 인내와 사랑이 아니고서는 끝까지 설 수 없는 길이었다.

이들은 손에 복음 전도지를 들고 산길을 오르내리며 가가호호를 방문했다. 노인들 사정을 돌보고 연약한 이들의 짐을 함께 지며, 갈 곳 없는 아이들에게는 주일학교와 운동 교실을 열어 손을 내밀었다. 이들이 시도하지 않은 일이 없을 정도였다. 그러나 밀물처럼 왔다가 썰물처럼 빠져나가는 사람들. 주일예배에 남는 교인은 늘 열 손가락을 넘기지 못했다.

이 흥산교회와 우리 부부가 연결된 것은 주님의 섭리였다. 주베이 가정교회를 함께 섬기던 마 전도사님을 통해 샤오 목사 부부를 처음 만났고, 이후 주베이교회가 문을 닫으면서 흥산교회가 우리에게 협력을 요청해왔다. 샤오 목사님은 이제 후임 전도사에게 교회를 맡기고 선교에 전념하기로 하신 터였다. 한쪽 문을 닫으시면 다른 문을 여시는 하나님, 그분의 손길을 우리는 또 한 번 느꼈다.

많은 교회에서 은퇴 목회자와 새 목회자의 관계는 조심스럽고 때로는 불편하기도 하다. 우리는 은퇴한 샤오 목사님 부부와 연배가 비슷한 덕에 자연스레 다리 역할을 자처했다. 이분들과 함께 여행을 다니며 많은 시간을 나눴다. 그러던 중 샤오 목사에게서 도무지 믿기 힘든 간증을 들었다.

샤오 목사의 사모님은 남태평양 타이티 섬 출신 객가인이었다. 부부는 결혼 후 10년간 타이티에서 화교교회를 섬겼다. 어느 날 병약해진 구순의 성도가 임종을 앞두게 되었다. 덥고 습한 이곳의 풍습상 24시간 안에 장례를 치러야 했기에 자녀들이 서둘러 모여들었다. 그러나 각자 종교가 달라 장례를 어떻게 지를지 다투기 시작했고, 그 혼란 속에서 노모는 조용히 숨을 거두었다.

그 순간 샤오 목사 마음에 믿기 어려운 하나님의 음성이 들려왔다.

"이 죽은 자를 다시 살려내라!"

깜짝 놀란 목사님은 마음속으로 대답했다.

"주님, 주님께서는 죽은 자를 살리실 수 있는 분임을 제가 믿습니다. 하지만 제가 선포했다가 살아나지 않으면 어떡합니까 … 저는 감당할 수 없습니다."

사실 그때 그는 그런 믿음조차 없었다고 고백했다.
그러나 성령께서 강권적으로 이끄셨다. 결국 떨리는 목소리로 작게 외쳤다.

"예수님의 이름으로 명하노니, 죽은 자여 살아나라!"

그리고 그 순간, 눈앞에서 믿을 수 없는 일이 벌어졌다. 노모가 벌떡 일어나 "할렐루야!"를 외친 것이다. 목사님 자신도 너무 놀라 뒤로 넘어질 뻔했다고 했다. 단지 눈만 뜬 것이 아니었다. 마치 성경 속 베드로의 장모가 열병에서 일어나 곧바로 시중들었던 것처럼, 노모는 그날 오후 집안을 청소하고 일상생활을 했다고 한다.

이 간증을 직접 듣지 않았다면 도저히 믿기 어려웠을 것이다. 그러나 더 놀라운 것은, 자녀들 중 누구 하나도 이 일을 계기로 하나님께 감사하거나 교회에 가까이 오지 않았다는 사실이었다. 오히려 목사님을 피했다고 했다. 이미 유산을 정리했고, 어머니가 돌아가시길 바랐기 때문이었다는 쓸쓸한 이야기를 들었다.

엄청난 기적을 보고도 하나님께 돌아오지 않는, 오히려 더 마음이 완고해지는 인간의 심성을 우리는 성경에서 보았다. 그런데 이렇게 오늘날의 이야기로 우리 눈앞에 펼쳐지자 두렵고 놀라웠다. 노모는 그 뒤

객가 마을에 흥산교회를 개척하신 샤오 목사 부부(왼쪽 두분)및 교우들

로도 2년을 더 살다 조용히 세상을 떠났지만, 이 소식조차 샤오 목사에게는 전해지지 않았다. 목사님은 쓰게 웃으며 말했다.

"또 살려낼까 봐 그랬나 보지요."

샤오 목사는 이 사건 이후 큰 깨달음을 얻었다고 했다.

"기적이 사람을 구원으로 이끄는 건 아니더군요. 오직 하나님의 말씀을 먹어야 삽니다."

현재 흥산교회의 후임 전도사 부부는 첫 목회를 맡은 젊은 일꾼들이다. 그만큼 더 기도하며 열정을 다해 복음을 전하고 있다. 우리는 한 달에 한 번 예배와 심방을 함께하며 늘 새로운 도전을 받고, 교회의 본질을 다시금 묵상하게 된다. 그들은 우리를 멘토로 여기며 깊은 신뢰와 친밀함을 보였다.

홍산 마을 역시 결코 기독교에 우호적인 곳이 아니다. 그러나 30년이 넘도록 같은 자리를 지키며 십자가를 세우고 예배를 드려온 교회는 이제 마을 사람들에게 일정 부분 인정을 받게 되었다. 그 오랜 세월 동안 적지 않은 이들이 교회를 거쳐갔다. 교인은 좀처럼 늘지 않았다. 그러나 하나님은 멈추지 않으신다.

지난 2년 사이 10명이 넘는 성도들에게 세례를 베푸는 은혜가 있었다. 모두가 전도의 열매였다. 조용하고 작은 교회에서 전도의 열매가 맺힌다는 것은 정말 놀라운 일이었다. 큰 교회들이 점점 전도에 안주하고 있는 이때, 이 작은 교회에서는 여전히 전도의 불이 꺼지지 않고 타오르고 있다.

하나님은 지금도 대만에서 가장 작고 연약한 객가 그리스도인들을 통해 조용히 일을 이루신다. 이들을 통해 이 땅의 교회와 성도들에게 다시금 전도와 선교의 불을 지피신다. 할렐루야! 이 작은 불꽃이 온 땅을 비추는 불길로 타오르기를 우리는 오늘도 간절히 소망한다.

09

선교적 교회 세우기

　대만은 작지만 결코 작은 나라가 아니다. 경제적인 규모 때문만이 아니다. 이 작은 땅 안에는 놀라울 만큼 다양한 색채와 결이 공존하기에, 대만은 오히려 더 크게 느껴진다. 살면 살수록 이 작은 섬에 이렇게도 서로 다른 것들이 함께 어울려 있다는 사실이 경이롭기만 하다.

　기후만 봐도 그렇다. 북부는 아열대, 중부 이남은 열대 기후에 속한다. 그러나 높은 산지에 올라가면 온대, 한대의 서늘함이 찾아온다. 사람들의 구성도 다채롭다. 겉보기엔 중국과 같은 언어를 쓰니 동일한 문화권이라 여기기 쉽지만, 실제로는 70여 년 전 중국의 '만다린'을 국어로 정했을 뿐, 대만 사람들의 마음에 '하나의 대만'이라는 의식은 생각보다 옅어 보였다.

　대만 교회도 그러하다. 교회 인에도 어러 인종과 문화가 뒤섞여 있다. 원주민들은 각 부락마다 자신들의 종족 교회를 세웠다. 대만에서 가장 오랜 역사를 지닌 장로교회는 남부의 푸젠성 출신 이민자들에 뿌리를 두고 있다. 그래서 장로교회는 공식어인 만다린이 아닌, 자신들의 모어인 푸젠 방언인 대만어(臺語)로 예배를 드린다. 또한 정치적으로도 대만 독립을 지지하는 진보적 색채가 강하다.

우리가 대만에서 협력해 온 교회들은 대부분 장로교가 아니었다. 그런데 유일하게 우리가 깊이 관계를 맺은 장로교회가 있었는데, 바로 우리 집에서 가까운 베이따(北大)교회였다. 7-80명 정도 모이는, 우리가 협력한 교회 중 가장 큰 교회다.

대만에 막 이사 온 뒤, 동네를 한 바퀴 돌며 땅밟기 기도를 하던 어느 날, 장로교회 간판이 눈에 들어왔다. 토요일 저녁인데 교회에는 불이 환히 켜져 있었다. 조심스레 들어가니 젊은 남녀가 우리를 반겼다. "한국에서 온 선교사인데 내일 예배에 참석해도 괜찮겠습니까?" 하고 묻자, 그들은 활짝 웃으며 "물론이죠!"라고 답했다. 알고 보니 청년 같아 보였던 두 사람은 목사 부부였고 사모님은 임신 중이었다. 이렇게 우리와 베이따 교회와의 동행은 시작되었다.

대만 초기에 낯설고 이웃에 아는 이도 없을 때, 이 교회는 우리에게 따뜻한 울타리가 되어 주었다. 설교에 익숙했던 목사가 일반 신자로 예배에 참석하고, 성가대에 권유 받아 생전 처음 성가대원이 되어보는 새로운 기쁨을 누리기도 했다.

베이따 교회의 가장 인상 깊은 점은 담임목사님이 무척 젊다는 것이다. 부임한 지 5년 된, 삼십대 중반의 목사는 교인 중에서 가장 어려 보이기까지 했다. 그런데 어린 자녀가 둘이 있었고, 얼마 지나지 않아 셋째, 넷째가 태어났다. 고령화된 대만 장로교회에서 목사가 아이를 많이 낳아 주일학교를 세우려 하는 듯 보이는 모습은 신선했고, 우리에게는 왠지 부모 같은 마음을 불러일으켰다. 선교지에서 어린 자녀를 키우던 우리의 지난 날이 떠오르기도 했다. 육아와 목회를 함께 감당하는 일이 얼마나 벅찬지 잘 알기에, 더 마음이 쓰였다.

우리는 종종 목사님 가정을 집으로 초대하여 식사하며 자녀들을 돌

봐 주었다. 좁은 집이라 아이들이 오기 싫어할까 걱정했지만, 그 작은 천사들은 우리 집에 오는 것을 무척 좋아했다. 우리의 주된 사역은 목회자 가정과 사랑으로 교제하는 일이었다. 목회자도 돌봄을 받는 경험이 필요하다는 마음에, 아내는 종종 김치며 이것저것 음식을 해 나누었고, 나는 틈틈이 가족이 함께 했던 중국 선교의 이야기를 들려주며 마음 편하게 대화를 나누었다.

매주 금요일 저녁에 우리는 교회 기도회에 참석했다. 이곳에서 몇몇 교인들이 우리 사역에 관심을 보이며 기도 제목을 물었고, 함께 손을 모으며 기도해 주었다. 이 기도회에서 우리는 한국에서의 금요 기도회를 떠올리며, 주님께 깊이 나아가는 시간을 가질 수 있었다.

비록 베이따교회가 우리를 협력 선교사로 요청한 것은 아니었지만, 우리는 이 교회를 품고 간절히 기도했다. 이곳 성도들이 십자가의 제자로 세워지고, 베이따교회가 선교하는 교회가 되기를 바랐다. 이 교회 교인들은 참으로 친절하고 신사적이었으나, 각자의 신앙 울타리 밖으로는 나가려 하지 않는 모습이 종종 보였다. 목회자는 비전을 품고 온 힘을 다해 목양에 힘쓰고 있었지만, 어린 자녀를 키우며 교회가 전통의 틀을 깨도록 이끌어 가기에는 역부족일 수밖에 없어 보였다.

몇 달이 지난 후 우리 부부는『광야에 세우는 십자가』중국어판 출판 감사예배를 베이따교회에서 드릴 수 있을지를 조심스레 요청했다. 여기에는 두 가지 의미가 있었다. 하나는 하나님께서 대만에서 우리에게 허락하신 귀한 분들을 한자리에 모아 감사하며 은혜를 나누기 위함이었고, 다른 하나는 베이따교회가 외부 손님을 접대하며 교회 밖으로 시야를 넓히는 계기가 되기를 바라는 마음이었다.

교회는 기쁘게 허락했고 결과는 참으로 놀라웠다. 늘 자기 교회 안

『광야에 세우는 십자가』 중국어판 출판 감사예배 (베이따 장로교회)

에 머물던 성도들이 많이 참석해 주었고, 이 시간은 우리 사역을 이해할 뿐 아니라 초교파적으로 다른 교회와 교류하는 실제적인 교육의 장이 되었다.

그 후 베이따교회는 점점 우리가 전하는 '십자가의 길'에 마음을 열었다. 교우들은 우리가 자신들의 가족이며 선교사인 것을 기뻐하며 진심 어린 사랑을 부어주기 시작했다. 그러나 우리의 바람만큼 교회는 쉽게 변하지 않았다. 굳어진 신앙의 틀을 깨는 일에는 늘 시간이 필요했다.

우리 사역이 점점 확장되어 출장 사역이 많아지자 주일예배는 외부 설교가 없을 때에만 가끔 참석했고 주로 금요 기도회에 참석하며 선교 소그룹을 인도했다.

우리가 베이따교회에 간 지 4년쯤 흐른 어느 날, 마침내 작은 변화의 싹이 돋아났다. 교회 제직들이 우리 책을 읽고 토론하며 나누기 시작한 것이다. 그리고 저자와의 대화 시간을 요청해왔다. 오랫동안 기다려온 순간이었다. 평소에는 소극적이던 그들이 이 소그룹 안에서는 오히

려 솔직히 마음을 나
누는 모습을 보며, 대
만인 특유의 내면성
을 새삼 깨달았다. 그
간 다소 서운했던 마음
이 눈 녹듯 사라졌다.

감사패를 받는 황 선교사

담임목사님은 교인
들에게 "우리 교회에 선교사가 있다는 것이 얼마나 감사하고 자랑스러
운 일인지 아십니까?"라며, 교회의 비전 7대 항목 중에 우리가 강조해
왔던 십자가의 제자도와 선교를 포함시켰다. 주님, 감사합니다! 우리가
그토록 전하고자 애써온 내용들이, 조용히 이 교회에 스며들어 뿌리를
내린 것이다. 이것은 우리의 꿈이 아니라 하나님이 기뻐하신 꿈이기에
더 벅찼다.

이제 베이따교회에서 '선교'는 더 이상 낯선 단어가 아니었다. 선교
소그룹이 생겼고, 목회자와 장로들이 선교 세미나에 참석하며 여름이
되면 단기 선교팀을 맞이하고, 국내 단기선교에도 참여하는 교회로 변
모했다.

목회자의 네 자녀중 큰 딸은 어느새 초등학교에 들어갔고, 동생인
세 자녀와 인근의 유아들을 대상으로 교회는 지역 주민을 위한 유아
원과 주일 자모 예배를 신설했다. 이제 '이 교회에는 아이들이 오지 않
을 거야'라던 체념은 사라지고, 어린이들의 웃음소리가 예배당을 가득
채우고 있다.

많은 교회가 고령화의 벽 앞에서 다음 세대를 염려하고 있지만, 이
렇게 용감히 나아가는 젊은 목회자들을 보면 소망이 생긴다. 우리 세

대는 이런 다음 세대 지도자들을 찾아내어 적극적으로 지지하고 격려해야 할 것이다.

한편, 대만에 온 지 만 5년이 될 때 우리 부부에게는 큰 기도 제목이 생겼다. 대만에 올 때부터 한국에 계신 장인, 장모님의 건강이 악화되었고 3년차가 되는 해에 장모님이 별세하셨는데, 이 일은 한국에 있는 아버님과 우리 두 자녀에게 큰 충격과 어려움을 안겨주었다. 베이따교회의 금요기도회 시간에 이러한 기도 제목을 내놓았을 때, 교우들은 진실한 마음과 사랑으로 기도해 주었고 그 이후로 우리는 베이따교회와 진정한 가족이 되었다.

우리 부부는 기도하는 가운데 '모든 것에는 기한이 있고 천하만사에 다 때가 있다'는 것을 겸허히 받아들이며, 대만을 떠나 한국에서 안식년을 가지며 가족을 돌보고 또다른 부르심을 기다리기로 결정했다.

우리가 곧 대만을 떠날 것이라고 알리자 목사 부부와 장로들은 적잖이 충격을 받은 듯 서운함을 감추지 못했다. 그리고는 몇 주 후 주일 오후에 전 교우들이 모여 우리를 위한 환송회를 열어 주었다. 우리는 점심 때 먹을 김치를 한 통 가득 담가 가져갔는데, 그 맛에 어르신들까지 즐거워하며 분위기가 더욱 화기애애해졌다.

이어진 송별회에서 받은 많은 축복의 말들, 특히 담임목사님 부부의 진심 어린 감사와 축복이 우리 가슴을 뭉클하게 하여 눈물이 핑 돌았다. 우리는 베이따교회를 바라보며 현재만이 아닌 미래를 함께 꿈꾸며 기도한다. 아마 내년쯤에는 몇몇 제직들을 한국에서 만나게 될 것이다. 우리는 대만을 떠나지만, 우리 자녀들과 그들의 자녀들이 연대하며 다시 선교의 길에서 동역자와 동반자가 될 것이다. 하나님께서 그렇게 이 작은 불씨를 이어가실 것을 우리는 믿는다.

10
가장자리의 사람들

대만 사람들은 야영을 참 좋아한다. 섬 곳곳에 산과 물이 있어 조금만 차를 몰고 나가면 금세 자연이 품어주는 곳이 나온다. 그들은 잘 꾸며진 고급 캠핑장이 아니라도 풀밭이 평평하기만 하면 어디든 텐트를 치고 소박한 식탁을 펼쳐 놓는다. 자연 속에서 간단히 끼니를 해먹고, 마음껏 숨을 고르며 여유를 누린다.

그리고 오후가 되면 '오후차(下午茶)'라 불리는 티타임을 즐기는 문화가 있다. 산이 내려다보이는 언덕에 탁자를 놓고, 주전자에 물을 계속 부어가며 차를 마시며 담소를 나누는 시간은 더할 나위 없이 낭만적이고 여유롭다. 우리를 초대한 대만 사람들은 으레 전망 좋은 곳을 골라 차를 대접하곤 했다.

그런데 이 땅에서 우리를 찾는 사람들 중에는, 놀랍게도 기존 교회에 적응하지 못하고 나온 소위 '가나안 성도'가 적지 않았다. 아이러니하게도 그들은 모두 신앙심이 깊고, 주님을 간절히 사모하는 이들 같아 보였다. 그러나 교회에서 상처를 받거나 실망하여 교회를 떠나 가족끼리 예배를 드리거나, 아예 도시를 떠나 조용한 산속에 거처를 마련해 하나님이 보내주시는 사람들과 예배를 드린다고 했다.

한번은 잘 아는 동역자 소개로, 어느 부부가 사는 산장에 초대를 받았다. 잘 다듬어진 잔디밭 한켠에 식사할 수 있는 긴 탁자가 놓인 데크가 있었고, 주위로 의자가 가지런히 자리잡고 있었다. 잔디밭 주위로 심어 놓은 예쁜 꽃들이 자연과 하나되어 자리하고 있었다.

60대 중반쯤 된 주인은 타이베이에서 일하다 조금 이르게 은퇴를 하고, 원시림 같은 산지를 사들여 부부가 무려 20년 동안 조금씩 땅을 일구며 집을 지어 살아왔다고 했다.

그는 이 작은 거처에 '아둘람의 집'이라는 이름을 붙였다. 사회의 약자들을 품고 하나님의 영이 머무는 진정한 예배처가 되기를, 그는 날마다 기도해왔다. 뜻을 같이 하는 이들이 가끔씩 이곳을 찾아 함께 찬양하고 기도하며 삶을 나눈다고 했다. 이 부부는 우리를 따뜻하게 맞으며 진심으로 환영한다고 말했다. 나 역시 아둘람 공동체에 대한 특별한 감동이 있기에 반가움과 궁금함으로 그 초청에 흔쾌히 응했다.

이곳은 도시가 아니어서 이웃의 눈치를 보느라 찬양이나 기도를 조심할 필요가 없었다. 모인 사람들은 색소폰과 각종 타악기를 들고 와

산장을 일구어 '기도하는 집'을 꿈꾸며 작은 공동체를 만들어가는 사람들 1

마음껏 연주하고 노래했다. 누군가는 잔디밭에서 춤을 추며 한껏 자유를 누렸다. 우리 부부도 오랜만에 마음껏 소리 내어 찬양하며 즐겁게 시간을 보냈다. 그리고 각자 가지고 온 간단한 도시락을 풀어 함께 나누었다. 참으로 소박하고 편안한 모임이었다.

우리는 중국에서의 선교 사진을 보여주며 우리 발자취를 나눴다. 처음 듣는 생생한 이야기들에 모두 관심을 갖고 귀를 기울였다. 그러자 주인 형제가 조심스레 자기 이야기를 들려주었다.

그는 기독교 가정에서 자라 전통적인 교회에 다녔지만, 마음 한구석에는 언제나 '하나님을 더 가까이 느끼고 싶다'는 갈증이 있었다고 했다. 그래서 부흥집회가 열리는 곳이면 어디든 열심히 찾아다니며 은혜를 사모했다. 이곳에서 뜨거운 분위기 속에 마음이 불붙었다가, 시간이 지나면 식어버리곤 하기를 반복하며 또다시 충전을 받기 위해 다른 집회를 찾았다.

그러던 어느 날, 한 집회에서 큰 은혜를 받았다며 벅찬 마음으로 교회문을 나섰는데, 마침 평소 관계가 껄끄럽던 사람을 마주쳤다. 순간, 자신의 마음이 여전히 싸늘하다는 것을 깨달았다. 그때 머릿속을 번개처럼 때리며 들려온 음성이 있었다.

'나는 성령충만해서 새 마음을 받았다고 믿었는데, 아까 집회에서 받은 건 무엇이었나? 그저 분위기에 취한 것이었나?'

그 날 크게 충격을 받은 후 부흥집회에 다니는 것을 끊고 골방으로 들어가 성경을 붙들기 시작했다. 말씀에 비추어 자신의 내면을 깊이 들여다보기 시작했고, 자연스레 교회에 나가지 않게 되었다. 대신 가정

제단을 쌓고, 이 산지를 사서 하나님만 바라는 사람들이 함께 예배하는 공동체를 꿈꾸며 이곳까지 오게 된 것이었다.

나는 이 두메산골에서, 어린 두 자녀를 산 밑 학교까지 매일 등하교시키며 수도원 같은 기도처를 20년간 지켜온 그들 부부의 삶을 가만히 상상해 보았다. 참으로 광야 같은 세월이었으리라.

내 젊은 날, 요란한 기독교 세상에서 벗어나 조용히 수도원을 찾았던 기억이 있어, 그들이 무엇을 고민하고 사모하는지 누구보다 잘 알 것 같았다. 그러나 한편, 그토록 꿈꾸던 기도처를 세웠건만 정작 사람들이 기대만큼 찾아주지 않는 현실을 보며, 마음 한켠이 아릿했다.

또 다른 이야기도 있다.

객가(客家) 사역 중 알게 된, 노(老) 전도사 부부의 이야기다. 남편은 '객가인', 아내는 '민난인'이었다. 결혼할 때 주변에서 "객가 집안으로 시집가면 고생길이 훤하다"며 만류했다고 한다. 객가인은 워낙 근검 절약하고 부지런하며, 무엇보다 조상숭배가 강해 며느리로 산다는 건 결코 쉽지 않은 일이라는 뜻이었다.

그들의 고향 마을은 대대로 집성촌을 이루어 살며 대부분 농사로 생계를 이어가고 있었다. 경제적으로 넉넉지 않은 곳이 많았다. 그런데 어느 날 전도사님 안내로 친족들이 모여 사는 본가를 방문한 나는 깜짝 놀랐다. 이 가문은 무려 송나라 때 재상을 지낸 사람의 후손으로, 대가족이 함께 살았던 전통가옥 본당에 청 황제 강희제가 직접 썼다는 현판이 걸려 있었다.

집 중앙에는 20대에 걸친 조상의 위패가 모셔진 사당이 있었고, 그 주위를 둘러싸고 각 세대가 사는 집들이 둥글게 자리 잡고 있었다. 정 중앙의 마당은, 어린 시절 집안 아이들이 모두 모여 놀던 곳이었다고

산장을 일구어 '기도하는 집'을 꿈꾸며 작은 공동체를 만들어가는 사람들 2

그가 회상했다.

이처럼 객가족은 수십에서 백여 명에 이르는 대가족이 한 울타리 안에서 나고 자라며, 결혼 후에도 함께 살았다. 그런데 전도사님은 일찍 도시로 나와 살면서 복음을 접할 수 있었고, 신학교에 들어가 사모를 만나 결혼했다.

그러나 결혼 후에는 대가족이 사는 그 집으로 들어가 살아야 했다. 지금은 박물관처럼 비어 있는 그 집에 우리와 함께 들어갔을 때, 향냄새가 진동하는 그곳은 영적 전쟁터 같았다. 미리기 아파 잠시 서 있는 것조차 힘들었다.

몇 년을 이렇게 살던 부부는 결국 용기를 내어 집에서 나와, 인근 산자락에 판잣집 같은 보금자리를 마련했다. 그들 역시 이곳을 '아둘람' 같은 피난처이자 기도처로 삼기를 원했다. 전도사 부부는 우리를 집으로 초대해 마당에서 작은 집회를 여는 것을 사모했다.

한국 교회의 기도운동과 선교에 감동받아 거의 매년 한국에서 주최하는 집회를 찾는다는 이들 부부는, 대만에는 그런 기도훈련이 없다며 우리에게 한국교회를 부흥시킨 능력있는 기도를 대만 지도자들에게도 전수해 달라고 간청했다.

그들 역시 고정된 교회 없이 필요한 곳을 찾아 협력하고, 하나님이 보내시는 이들을 집에 데려와 함께 살기도 하며 힘써 복음을 전하고 있었다. 우리 부부를 만나기만 하면 꼭 지인들에게 소개해 복음을 듣게 하고, 기도를 받게 하려 애쓰는 열정적인 전도자였다.

그들은 이미 그 자체로 선교사의 삶을 살고 있는 이들이었다. 그러나 대만 교회에서 영적인 공급을 받지 못한다며, 자신들을 이끌어 줄 영적 지도자를 간절히 찾는 모습은 마치 시편기자의 고백 같았다.

> "하나님이여 사슴이 시냇물을 찾아 갈급함 같이 내 영혼이 주를 찾기에 갈급하나이다."(시 42:1)

이들을 보며 내 안에서는 안타까운 마음으로 간절한 기도가 터져 나온다.

> "주님, 저들이 20년 넘게 오직 주님을 찾으며 이 좁은 길, 십자가의 길을 걸어 여기까지 왔나이다. 혼탁해진 이 세상 속에서 참빛과 길이 되어 주시는 분은 오직 주님뿐이심을 믿습니다. 주께서 경건한 제자들을 세워주시고, 이들을 통해 주의 몸 된 거룩한 공(公)교회가 회복되게 하소서."

11

대만에 이는 성령의 바람

　우리가 대만에 머물던 2020년부터 2025년까지의 시간은, 앞선 3년은 코로나, 그 이후 2년은 포스트 코로나의 시기였다. 그런데 대만은 특별하게 다른 나라들보다 한 해 늦게 팬데믹의 물결을 맞이했고, 집회 금지 조치도 3개월에 불과했다. 빠르게 일상을 되찾은 이 섬나라의 모습은 마치 풍랑을 비켜간 작은 배처럼 보였다.

　온 세계가 두려움에 떨며 문을 닫을 때, 대만이 유독 오랫동안 청정지역으로 남을 수 있었던 것은 코로나 초기에 중국과의 왕래를 신속히

타이베이 총통부 광장에서 열린 객가 부흥 및 대만복음화를 위한 집회(2024년)

차단하고 철저히 봉쇄한 덕분이었다고들 한다. 그러나 믿음의 눈으로 바라볼 때, 이것은 단순히 정치적·행정적 판단의 결과만은 아니었다. 그 시기는 분명 하나님께서 주시는 대만을 향한 특별한 은총의 시간이었음을 고백하지 않을 수 없다.

해외의 영향력 있는 복음 사역자들이 팬데믹으로 다른 나라들에 가지 못하고 발이 묶이자, 뜻밖에도 그들의 발걸음이 대만에 머물게 되었다. 이들은 계획했던 것보다 오랜 시간 대만에서 사역하며 이 땅에 대한 하나님의 깊은 마음과 비전을 나누었다.

덕분에 대만 교회는 양질의 영적 양식을 먹을 수 있는 귀한 기회를 누렸다. 하나님이 코로나라는 전 세계적 재난의 시간을 통해, 대만 교회에 오히려 영적인 부요함을 허락하신 것이다.

대만은 비교적 짧은 기간에 코로나를 극복하고 난 뒤, 복음주의 신학교와 교계 안에서 조용하지만 분명한 부흥의 불씨가 피어나기 시작했다. 아직 모든 교회에서 체감되는 것은 아니어서, 많은 이들이 눈치채지 못했을 지 모른다. 그러나 우리는 이것을 분명히 보았다.

팬데믹 이전부터 대만의 영적 각성을 위해 기도해온 하나님의 사람들을 통해, 이 시기에 RPG(Revival Prayer Group)이라 불리는 소그룹 기도회가 전 대만으로 빠르게 확산되었다. 그리고 이 과정을 가까이서 지켜볼 수 있었던 것은 우리의 큰 축복이었다.

불과 2년 남짓한 사이에 수많은 교회 안에 기도 소그룹이 생겨났고, 비대면의 시대에 오히려 더 깊이 뿌리를 내리는 것을 보았다. 어디에 있든지 휴대폰 하나로 정해진 시간을 지켜 말씀을 나누고, 함께 기도하는 그들의 모습은 참 아름다웠다.

이들은 처음에 한국의 기도원 영성을 접목해 보기도 했지만, 스스로 "우리에게 꼭 맞는 옷은 아닌 것 같다"고 했다. 대신 대만 교회의 은근하고 조용한 영성에 알맞은 기도의 옷을 찾아 입는 듯했다.

나는 이런 모습에서 문화적 차이를 새삼 느꼈다. 휴대폰으로 그것도 영상통화도 아닌 음성만의 그룹 통화 방식으로 진행하는 기도 모임은 한국인에게는 "잘 맞지 않는 옷"일 테니 말이다.

사람마다 성품이 다르고 민족마다 민족성이 다르듯이, 영성에도 그 땅의 토양에 따라 고유한 색이 있는 것은 너무나 자연스러운 일이다. 선교사가 해야 할 일은 자신에게 익숙한 교회 문화와 시스템을 이식하는 것이 아니라, 그 땅과 사람에게 가장 알맞은 모습으로 교회가 뿌리 내리도록 돕는 것이다. 하지만 이것이 결코 말처럼 쉬운 일은 아니다. 특히 단일민족, 단일언어 문화 속에서 자라난 우리 세대에게는 더더욱 그렇다.

최근 2년 동안 대만에서는 정치의 심장부인 타이베이 총통부 광장에서 몇 차례 대규모 기독교 집회가 열렸다. 한국에서 광장 집회는 이제 부정적인 이미지가 크지만, 대만에서는 마치 여리고 성벽을 향해 나아가는 믿음의 행진 같아 보였다.

그 첫 물꼬를 튼 것은, 늘 소수이고 약지의 자리에 서 있던 원주민 교회들이었다. 이들의 연합집회 소식에 가장 크게 도전을 받은 이들은 바로 객가 기독인들이었다. 2024년, 우리가 잘 알고 지내던 '객가복음화협회'와 '객가 신학원'이 중심이 되어 '전국 객가인의 날'(12/28)에 맞춰 총통부 광장에서 '객가복음화대성회'를 열 수 있기를 기도하기 시작했다. 대만과 해외에 흩어진 객가인 교회 커뮤니티가 하나 되어 기도하며 정성을 모았다. 그 결과 불과 두 달 만에 그것이 놀랍게도 현실이 되었다.

그리고 다음 해 3월 27일, 이번에는 '청년의 날'이었다. 특정 민족이 아닌, 대만 전역의 교회 청년들 사이에서 '나실인 운동'이 일어났다. 한 달 전부터 전국 20여 지역의 교회들이 지역별로 연합해 청년들의 헌신을 불태우기 시작했고, 청년의 날 광장 대성회는 일회성 행사가 아니었다. 오래전부터 기도 속에 숨겨 두셨던 새벽 이슬 같은 세대가 그날 모습을 드러낸 것이다.

우리가 사역했던 교회에서는 청년들을 좀처럼 보기 어려웠기에, 만 명이 훨씬 넘는 청년들이 광장을 가득 메운 그날의 풍경은 내 마음을 벅차오르게 했다. 하나님께 감사와 간구의 기도가 절로 나왔다. 그 자리에는 청년들을 응원하는 중장년과 원로 목회자들도 많이 참여했다. 교회의 원로 지도자들이 마지막 남은 힘을 다해 이들을 돕고, 물심양면으로 후원하는 모습은 참으로 아름다웠다.

두 번의 집회가 끝난 후, 나는 객가복음협회의 온·오프라인 커뮤니티에 다음과 같은 소감을 남겼는데 감동을 받았다는 많은 리뷰가 달렸기에 여기에 소개한다.

11-1 전국 객가일(客家日) 총통부 광장집회 소감

대만 전역에서 모여든 객가인 그리스도인들이 한자리에 모이는 이 대규모 전국 객가인 대성회에 참석할 수 있었던 것은, 개인적으로도, 또 우리가 속한 교회적으로도 실로 크나큰 은총이요, 하나님의 특별한 선물이 아닐 수 없었다.

나는 객가인이 아닌 한국인 선교사로서 그 자리에 있었지만, 이 집회를 발의하고 이끌어 온 준비위원들의 마음은 얼마나 감개무량하고 벅찼을지 조금은 알 것 같았다. 그들의 그 설레는 떨림과 감동이 집회 내내 고스란히 내게도 전해졌다.

대만 사람들에게 특별한 의미를 지닌 장소, 바로 총통부 앞 광장(凱道). 그곳에서 이렇게 많은 객가인 그리스도인들이 모여 마음껏 하나님을 찬양하고 기도하며 기뻐하는 성회를 연 것은 이번이 처음이었다.

객가 신학원 원장(왼쪽 세 번째) 및 객가복음협회 임원들

이것은 대만 객가 교회사에 길이 남을 역사적 순간이 될 것이다.

불과 두 달이라는 짧은 준비기간 동안, 장소, 재정, 동원, 프로그램 … 그 모든 것이 놀라우리만치 순적하고 아름답게 이루어진 것은 하나님의 전적인 은혜였다.

그날 전국 각지에서 모인 하나님의 백성들 저마다의 가슴에 이 12월 28일 성회를 통해 새겨진 메시지와 감동이 있었겠지만, 내 마음에 남은 것을 몇 가지 적어 두고자 한다.

먼저, 대만 정치의 심장부인 총통부 광장에서 하나님을 찬양하며 성회를 열었다는 사실 자체가 주는 벅참이었다. 대만에 종교의 자유가 있다고 하지만, 기독교인, 더구나 객가인 그리스도인은 언제나 소수로서 사회적 영향력이 크지 않은 존재라는 사실을 부인할 수 없다.

하나님을 예배하는 일은 주로 교회나 기독교 기관 안에서 이루어지고, 가끔 성탄절에 거리에서 캐럴을 부르거나 조심스럽게 전도 집회를 하는 것이 전부였다. 교회 안에서는 하나님이 대만과 열방과 역사의 주권자라고 힘껏 선포했지만, 교회 문 밖을 나서면 우리의 목소리와 자세는 자연스레 위축될 수밖에 없었다.

그러나 그날, 우리는 대만 정치의 중심부 한복판에서 하나님이 이 땅의 주인이심을 소리 높여 선포했다. 마지막 순서에 무대 위에 오른 이들이 뒤돌아서 총통부와 정부를 향해 손을 들어 하나님이 다스리시는 대만이 되기를 합심하여 기도할 때, 그곳에 있던 모두는 평생 잊지 못할 순간을 가슴에 새겼을 것이다.

둘째는, 동족에 대한 애끓는 마음이었다. 나는 이미 알고 있었다. 많은 객가인 그리스도인들이 아직 가정 복음화를 이루지 못했다는 것을.

예수를 따르기 위해 혈연을 뒤로 하고 애타는 마음으로 가족의 구원을 위해 눈물로 기도하는 성도와 목회자들을 가까이서 많이 보았다.

그리스도의 사랑은 문화와 민족을 초월하는 것이지만, 그래도 우리 마음이 가장 먼저 향하는 것은 늘 가장 가까운 사람들이다. 하나님의 특별한 선택을 받아 이방 선교에 자신의 전 생애를 바쳤던 바울조차, 동족 유대인에 대해 이렇게 고백하지 않았던가.

"내 형제 곧 골육의 친척을 위하여 내 자신이 저주를 받아 그리스도에게서 끊어질지라도 원하노라."(롬 9:3)

그날 광장에서 기도하는 객가인 성도들의 모습을 보면서 나는 이 구절이 떠올랐다. 먼저 복음을 알고 구원받은 자로서, 그들의 애끓는 심정을 함께 느끼며 기도했다.

"주님, 저들의 기도를 들으시고 응답하소서. 낙심하지 않게 하시고, 그들의 가족과 친척, 동족을 하나님 앞으로, 영원한 생명으로 인도하는 일에 기쁨으로 헌신하게 하소서."

12월 28일, 광장에 모인 모든 사람들은 각자의 가족과 동족을 위해 울며 기도했다. 성령께서는 그 자리에서 우리 마음에 주님의 사랑으로 동족을 더욱 사랑하고, 갈등과 분열을 봉합하는 평화의 도구가 되라고 말씀하셨다. 먼저 동족끼리 하나 되지 못하고 어찌 다른 종족과 하나 될 수 있으랴. 이 시간만큼은 모두가 하늘을 향해 손을 들고 기도하며 하나가 되었고, 그것은 참으로 눈물겹도록 감격적인 순간이었다.

셋째는, 비전과 그 실행에 대한 마음이다. 이번 대회 표어는 "族群合一, 世代同行(종족 연합, 세대 동행)"이었다. 얼마나 큰 비전인가. 객가 그리스도인의 연합과 복음화를 넘어서, 대만의 모든 종족과 세대가 함께 하나님 나라를 이루어 가기를 염원하는 원대한 비전이었다.

이날 대회에서 대만을 구성하는 다섯 종족(객가, 본성, 외성, 원주민, 신주민)을 언급했는데, 그 신(新) 주민에는 나와 같은 외국인도 포함된다. 서로 다른 종족뿐 아니라 서로 다른 연령대의 사람들이 주 안에서 하나가 된다면 얼마나 좋겠는가. 이것은 하나님께서 대만 교회에 주신 비전이다. 이미 하늘에서 이루어진 하나님의 뜻이며, 우리가 이 땅에서 바라보고 달려가야 할 푯대이다.

그날 나는 광장에서 찬양하고 기도하며 문득 고개 들어 하늘을 바라보았다. 그 위를 가득 뒤덮은 흰 구름. 그러나 우리는 공중에만 떠 계신 하나님을 만난 것이 아니었다. 우리 가운데 영으로 임하신 하나님을 만났다. 하나님의 이름을 높이며 서로 교제하는 그 자리에 하나님께서 함께 하셨다고 나는 믿는다. 그 시간만큼은 하나님의 나라가 이 광장에 임한 것 같았다.

우리는 그날 하늘에서 이미 이루어진 것을 지상에서 잠시 맛보았다. 맛을 본 것이지, 아직 그것을 다 이룬 것은 아니다. 비전과 성취 사이에는 역사가 자리한다. 그리스도께 순종한 이들이 한 걸음씩 만들어갈 발자취 속에서, 비전은 하나씩 성취되어 갈 것이다.

이번 대회를 통해 객가 그리스도인들은 이제 더 이상 대만 사회의 구석에 머무르지 않고, 중심부를 향해 믿음의 발걸음을 내디뎠다. 이것은 개인의 안일을 내려놓고 공동체를 선택한 십자가 정신을 따른 결과이며, 하나님께서 주신 승리였다. 이제 우리가 해야 할 일은 성령께서 하나 되게 하신 것을 힘써 지켜가는 것(엡 4:3)이다.

12월 28일, 그곳에 있던 우리는 하나님의 놀라운 손길을 체험했고, 객가와 대만을 향한 하나님의 뜻과 비전을 보았다. 그리고 하나님의 나라가 우리 가운데 임하는 것을 맛보았다. 이제 각자의 자리로 돌아온 우리는 기도의 파숫꾼으로 서서, 복음을 삶 속에 심고 가족과 교회와 우리가 속한 작은 공동체에서 온·오프라인으로 주님의 뜻을 살아낼 사명을 받았다.

그러나 이 사명은 행사를 좇아다니느라 분주히 달려가는 삶이 아니다. 먼저 십자가 앞에 다시 서는 것, 주님의 음성을 듣고 순종하는 것. 이것이야말로 우리가 붙잡아야 할 가장 중요한 푯대이자 과제임을 믿는다.

11-2 청년의 날 집회 참석 소감

3월 29일, 청년의 날. 이날은 단순한 기념일이 아니었다. 3주 전부터 릴레이 금식기도로 준비하며 전국 20곳에서 지역별 기도회가 이어졌고, 마침내 마지막 날, 총통부 광장에서 대만 전역의 청년들이 모여드는 특별한 연합집회가 열렸다. 이 집회 주제는 '나실인 합심기도'였다.

행사 전날까지도 마음 한켠에는 걱정이 있었나. 깁자기 기온이 뚝 떨어진 데다, 80%가 넘는 강수 확률이 예보되었기 때문이다. 그러나 우리는 하나님께 기도했고, 놀랍게도 집회가 진행되는 내내 단 한 방울의 비도 내리지 않았다.

현장에 도착하니 그 거대한 광장을 가득 메운 사람들, 바리케이드 바깥 도로에까지 설치된 대형 스크린 앞에 모여 선 수많은 사람들을 보고 숨이 멎는 듯한 감동을 받았다. 청년들만 온 것이 아니었지만, 그렇게 많은 젊은 기독인들이 총통부 광장에서 열정적으로 찬양하고 기도하는 모습을 보는 것만으로도 눈물이 날 만큼 벅찼다.

3주 전부터 금식기도로 준비하며 임한 집회여서 그런지, 현장 분위기에는 분명히 다른 것이 느껴졌다. 지난번 객가인 대성회처럼 이번에도 주로 원주민들이 이끄는 찬양팀이 찬양과 기도시간을 인도했다. 간증과 메시지, 성찬 순서까지 얼핏 비슷해 보였지만, 이번 집회는 청년들을 위한 집회였던 만큼, 그들의 찬양과 기도에는 거침없는 젊은 숨결과 뜨거운 열기가 있었다.

전체 집회의 내용은 크게 세 가지로 요약될 수 있겠다.

첫째는 성결이다. 아시아에서 가장 먼저 동성애가 합법화된 나라, 성적으로 자유로운 문화 속에서 살아가는 대만의 청소년과 청년들에게 '성결'은 너무도 현실적이고 어려운 도전이었다. 이날 대만에서 인기 있는 스포츠 스타의 간증이 있었다. 그는 실제로 나실인 서약을 실천하며 사는 사람이었다. 한 달에 한 번, 일주일간 스마트폰을 끄고 하나님께 집중하는 훈련을 한다는 그의 이야기는 많은 젊은이들에게 큰 울림을 주었다.

또 한 사람, 미국 국적의 젊은 아시아계 목사(알고보니 한국계 미국인이었다!)가 전한 메시지를 통해, 나는 하나님께서 30년 전 미국에서 대만 청년들을 통해 나실인 운동을 일으키셨고, 이제 다시 대만 땅에서 이 운동을 일으키고 계신다는 사실을 알게 되었다.

이날 집회에서는 전국적으로 1만 명의 기독 청년들이 나실인으로 헌신하며 서명한 거대한 서약판을 보여주었다. 이 장면을 바라보며 나도 모르게 내 젊은 날이 떠올랐다. 나도 그때 나실인으로 살겠노라 결심하며 내 인생을 주님께 드리는 기도를 했었다.

> "주님, 한국에서 그러하셨던 것처럼 이 대만 땅의 젊은이들도 주님의 거룩한
> 사명자로 일으켜 주소서."

둘째는 연합이다. 가족 간의 갈등, 세대 간의 갈등, 그리고 대만 안의
다양한 종족 간 갈등은 비단 청년들만이 아닌, 모든 대만인들이 안고
있는 아픈 문제였다. 이날 우리는 다 함께 바닥에 무릎을 꿇고, 특별히
부모세대와 자녀세대의 마음을 하나 되게 할 '엘리야의 영'을 구하며
간절히 기도하고 회개하는 시간을 가졌다.

> "내 이름으로 일컫는 내 백성이 그들의 악한 길에서 떠나 스스로 낮추고 기도
> 하여 내 얼굴을 찾으면 내가 하늘에서 듣고 그들의 죄를 사하고 그들의 땅을
> 고칠지라."(대하 7:14)

대만은 한국보다 훨씬 다양한 민족이 어울려 살아간다. 17개의 원주
민, 대만어(민난어)를 쓰는 본성인, 국어(만다린)를 쓰는 외성인, 객가
인, 그리고 새로운 이주민(외국인 노동자들까지). 이처럼 갈등의 소지가
훨씬 많음에도 대만은 비교적 슬기롭게 조화를 이루고 있지 않은가. 이
모습을 보며 한편 한국인 선교사로서 부끄러운 마음이 들었다.

셋째는 선교이다. 성결과 연합, 이 모든 지향점은 결국 선교와 복음
전파이다. 이날 집회에서는 구체적으로 "10만 명의 나실인, 1만 명의 선
교사"를 세우자는 비전이 선포되었다.

올해(2025년)는 대만 남부에 첫 선교사였던 마(馬)야곱 선교사가 입국한 지 160주년이 되는 해이다. 조금 더 거슬러 올라가면 네덜란드 선교사로부터 시작된 대만의 선교 역사는 400년에 이른다.

그러나 이렇게 유구한 역사를 지녔음에도 여전히 대만은 '선교사를 받는 나라'에 머물러 있다는 부끄러움이 대만 교회 깊숙한 곳에 자리하고 있는 것이 느껴진다. 그래서일까. 대만의 다음세대를 향해, 자신들의 세대가 이룬 모든 것을 아낌없이 쏟아 부어 사명으로 도전하고 후원하려는 원로 지도자들의 모습을 보며 나는 말로 다 할 수 없는 감동과 도전을 받았다.

12

대만을 넘어 화교권 선교

대만에서 동역하게 된 객가교회 지도자들을 통해 우리는 점차 대만을 넘어 동남아 지역에 흩어진 화교 교회들을 알게 되었고, 그들의 사역지를 직접 찾아가는 기회가 점점 많아졌다.

그러던 어느 날, 객가신학교 원장으로부터 한 통의 문자를 받았다. 인도네시아의 한 기독인 사업가가 『광야에 세우는 십자가』를 읽고 큰 감동을 받았다며, 나를 꼭 만나보고 싶어 한다는 내용이었다. 타이베이의 한 음식점에서 만나면 어떻겠느냐는 제안이었다. 전혀 예상치 못했던 일이어서 약간 어리둥절했지만, 아내와 약속 장소로 향했다.

이곳에는 인도네시아 전통 복장을 차려입은 부부가 먼저 와 있었고, 우리가 잘 아는 객가 선교운동의 지도자 몇 분이 자리하고 있었다. 자신을 '유키'라고 소개한 70대 노신사는 인도네시아 국적의 화교(객가인)로, 이미 대만의 객가 선교에 크게 기여해온 분이었다. 유키 형제는 우리 책이 고난을 겪어온 인도네시아 화교 그리스도인들에게 큰 위로가 될 것 같다고 거듭 감사의 마음을 전했다. 생각하지 못했던 그의 이야기를 들으며 놀랍고 뭉클한 감동이 밀려왔다.

이 만남 이후 우리는 자연스럽게 연락처를 주고받았다. 유키 형제는 말레이시아에서 전세계 객가인 대회가 열릴 때 우리 책을 몇 백 권씩 구입해 보급해 주었고, 인도네시아, 대만, 심지어 미국 출장 중에도 전화를 하여 주문할 정도로 열정을 보였다.

이 일을 계기로 나는 인도네시아 화교 사회의 아픈 역사를 조금씩 알아가게 되었다. 중국에서 건너간 화교들은 특유의 근면함과 상술, 그리고 정부의 보호 아래 부를 축적했지만, 그만큼 현지인들의 반감을 사기도 했다. 1965년 이후 여러 차례에 걸쳐 '배화(排華) 운동'이 일어나 수천 명의 화교가 학살당했고, 화교 사회는 깊은 공포에 떨며 하루하루를 살았다.

아이러니하게도 이들 부호 중에는 기독교인이 많았다. 네덜란드 식민지 시절, 많은 화교들이 가톨릭과 개신교로 개종했기 때문이었다. 그래서 인도네시아에서 '기독교' 하면 곧 '화교'를 떠올리는 분위기가 형성되었다. 성난 폭도들이 교회를 습격해 기독교인들을 박해하고 심지어 살해하기까지 했다. 그제서야 나는 유키 형제가 왜 이 책이 인도네시아의 고난받은 그리스도인들에게 큰 힘이 되겠다고 말했는지 알 것 같았다.

하나님의 손길은 참으로 우리의 좁은 생각과 예상을 훌쩍 뛰어넘어 역사하신다. 이 일을 계기로 하나님은 우리를 이제껏 알지 못했던 새로운 세계, 동남아의 화교 교회로 이끌어 주셨다.

12-1 말레이시아

첫 번째 여정은 동말레이시아였다. 협력교회중 하나인 홍산 교회의 샤오 목사 부부는 코로나 시기를 제외하고 거의 20년 동안 해마다 객가 신학원에서 재학생과 졸업생을 중심으로 단기선교팀을 이끌어 오셨다.

2023년 여름, 샤오 목사님은 나에게 이번 단기팀에 합류하여 대원들 대상의 아침 경건회와 현지교회 설교를 도와줄 수 있겠느냐고 부탁했다. 그렇게하여 나는 처음으로 대만 교인들의 단기선교팀에 동행하게 되었다.

여러 번에 걸친 선교 준비모임에도 참석하였는데 첫 모임에서부터 나는 적지 않은 도전과 감동을 함께 받았다. 무엇보다 내 눈길을 끈 것은 참석자들의 연령대였다. 대부분이 50대, 60대 이상의 여성들이었고, 그중에는 일흔을 훌쩍 넘긴 분도 계셨다. 그런데도 이들 중에는 벌써 십 년 넘게 이 사역을 여러 차례 다녀온 이들이 꽤 있었다.

첫날 모임은 '간증 훈련' 시간이었다. 선교지에 가서 전도할 때 들려줄 자신의 이야기를 5분 안에 준비해 발표하는 자리였다. 나는 그 시간에 비로소 이 사람들을 깊이 이해하게 되었는데 놀랍게도, 이들의 공통점은 모두가 외적으로 보면 연약한 사람들이라는 것이었다.

오랫동안 질병에 시달리거나, 가정이 깨지고, 사업이 무너져 삶의 기반을 잃거나, 깊은 우울증으로 고통받던 이들이었다. 그러나 그 약함 속에서 하나님을 만났고, 단기선교를 통해 다시 일어선 확실한 증거를 가지고 있었다. 그들의 입에서 흘러나오는 고백 하나하나가 내 가슴을 뭉클하게 했다.

처음에는 솔직히 '이런 연세 많으신 분들이 과연 선교지에서 뭘 할 수 있을까?' 하는 생각도 들었다. 그러나 그것은 참으로 부끄러운 생각이었다. 이들은 나이와 상관없이 오히려 더 열정적으로 예배팀, 의료팀, 전도팀으로 나뉘어 각자 맡은 사역을 기도하며 준비했다. 일정표를 살펴보니 젊은이들도 버겁게 느낄 만큼 빡빡했고, 그 흔한 쇼핑 일정조차 하나도 없었다. 게다가 자신들을 위해서는 돈을 거의 쓰지 않고, 온 마음과 물질을 선교에 쏟아 붓고 있었다.

나는 한국에서 온 단기선교팀만 인도해왔기에, 이번처럼 대만 단기팀에 동참해 함께 가 보게 된 것은 내게도 새로운 경험이었다. 무엇보다 대만과 말레이시아 화교 그리스도인들을 조금 더 깊이 알게 되는 소중한 기회였다. 그래서 강사라기보다는 팀의 일원이라는 자세로 모든 준비모임에 다 참석하였다.

대만 교회들은 대체로 선교에 낯설다. 교회에서 선교를 크게 다루지 않기도 하지만, 무엇보다 대만이 국제무대에서 제약이 많은 현실 때문이기도 하다. 해외에 나가면 대만 국기를 마음껏 내걸 수도 없는 그들의 상황을 생각하면, 외부인이 함부로 속단할 수 없는 아픔이 저들에게 있다. 그런 가운데에서도 대만은 화교 사회나 대만에 호의를 가진 몇몇 나라들과는 비교적 활발히 교류하고 있었다.

우리가 이번에 방문한 곳은 칼리만탄 섬(보르네오섬) 북부, 동말레이시아였다. 쿠알라룸푸르가 있는 서말레이시아에 비해 낙후되어 있었지만 기독교에 대한 제재는 훨씬 덜했다. 그래서인지 많은 객가인들이 그곳으로 이주해 살고 있었고, 우리 일행은 말레이시아 객가인 목사의 초청으로 여러 교회를 돌며 전도집회를 인도하고 낮에는 의료 봉사를 하게 되었다. 나는 자칫 흐트러질 수 있는 팀원들을 아침마다 말씀으로 세우는 역할을 하였다.

놀랍게도 이슬람 국가임에도 불구하고, 그곳의 화교 교회들은 생각보다 훨씬 규모가 컸다. 교인 수도 대만 선교팀원들이 다니는 교회보다 더 많은 곳도 있었다. 그런데도 그들은 자신들이 선뜻 하지 못하는 담대한 전도에 우리 단기팀원들이 꼭 필요하다고 말했다. 처음에는 조금 의아하게 느껴졌지만, 곧 이것이야말로 성경이 말하는 연합의 모습이 아닐까 하는 생각이 들었다.

그 교회들은 대만 단기팀을 통해 지역에 복음을 전했고, 대만 교회들은 또 말레이시아 단기팀을 대만으로 불러 자신들의 지역 전도에 힘을 보태게 했다. 그렇게 서로가 서로를 격려하며 돕는 가운데, 참여한 사람들은 새로운 믿음의 도전과 기쁨을 맛볼 수 있게 되는 것이다.

나는 이번 여정을 통해 오래도록 내 안에 굳어 있던 생각 하나가 깨지는 것을 느꼈다. '선교란, 더 부유하고 가진 것이 많은 교회가 그렇지 못한 곳을 돕는 것'이라는 고정관념이었다. 이번에 참여한 대만과 화교 교회들이 보여준 단기선교는, 서로 부족함을 채워주며 함께 복음을 전하는 또 하나의 아름다운 선교 실천이었다. 어쩌면 그것이야말로 앞으로의 교회들이 실천해야할 새로운 선교의 대안이 아닐까?

12-2. 인도네시아

말레이시아 단기선교를 다녀온 이듬해, 홍산교회 샤오 목사 부부는 우리 부부를 인도네시아의 더 깊은 사역지로 안내해 주었다. 인도네시아는 이미 한국 선교사들이 활발히 사역하고 있는 나라다. 그러나 이곳은 인구가 2억 7천만을 넘고, 만 7천 개가 넘는 섬과 300개 이상의 민족, 250개의 언어가 뒤섞여 사는 곳이다. 그만큼 아직 복음이 닿지 못한 땅은 끝이 없을 만큼 넓다.

이번에는 단기팀원을 인도하는 것이 아니라 샤오 목사부부와 우리 부부만 대만에서 맺어진 귀한 신뢰의 끈을 따라 객가인 화교 목사님들이 안내하는 사역지를 함께 다니게 되었다. 그래서 우리는 현지인들이 친구에게 베푸는 따뜻한 접대를 받으며 현지 교회의 더 깊숙한 곳을 들여다볼 수 있었다.

대만에서 경험했던 객가 교회들은 거의다 교인이 적고 연약한 모습이었기에, 나도 모르게 '객가 교회' 하면 작고 소박한 이미지를 떠올리곤 했다. 그런데 동남아의 객가 교회들은 달랐다. 물론 작은 교회도 있지만, 규모나 영향력면에서 훨씬 크고 활발한 교회들을 보면서 나는 객가 교회를 다시 보게 되었다.

인도네시아에서 우리를 안내해 준 이는 객가 화교인 숑 다윗 목사 부부였다. 그들은 샤오 목사 부부와 이미 십수 년을 동역해 온 사이였다. 세월이 흘러 이제 모두 일흔 가까운 나이가 되었지만, 선교를 향한 열정만큼은 조금도 식지 않았다.

중국계 화교들은 모두 고향을 떠나 낯선 땅에 뿌리를 내린 사람들이다. 그중에서도 객가인들은 유난히 오랜 이주민 역사를 지니고 있다.

이방인으로 살며 삶의 자리를 지키기 위해서는 강인하지 않고는 버틸수 없었을 것이다. 쑹 목사의 아버지 역시 그러한 강인함과 믿음을 겸비한 목사이셨다고 했다.

그는 젊은 시절 원주민 마을들을 다니며 교회를 세우던 헌신된 주님의 종이었다. 그리고 그의 아들, 쑹 목사도 자연스레 아버지의 발자취를 따라 개척 선교사가 되어 있었다. 원주민이 아님에도 외모나 풍기는 기운이 영락없는 원주민의 모습이었다.

우리는 샤오 목사 부부와 함께 쑹 목사의 안내를 받아, 그의 아버지가 예전에 다니며 세우신 원주민 교회들을 찾아갔다. 그곳에서 설교를 하고 성도들과 믿음의 교제를 나누는 시간을 가졌다. 쑹 목사님의 아버지는 원주민 교회를 돌보러 산길을 가다가 깊은 웅덩이에 빠져 돌아가셨다고 했다. 그런데도 아들은 그 뒤를 이어 오히려 더 큰 선교의 불을 지폈다. 아버지가 세운 여섯 개의 개척교회는 이제 마흔 개가 넘는 교회가 속한 '아가페 선교회'로 자라 있었다. 그 이야기를 들을 때 마음이 숙연해지며 가슴 먹먹한 감동을 받았다.

구비구비 산길을 달려 찾아간 원주민 교회의 예배는 마치 이 땅에 남겨 놓은 작은 천국 같았다. 어린아이들은 가장 예쁜 옷을 차려입고 부모의 손을 잡고 예배당으로 들어왔다. 똘망똘망한 눈망울의 천진한 모습이 천사 같았다. 가난하고 고된 삶을 살고 있을 텐데도, 그들의 얼굴에는 오히려 미소와 여유로움이 있었다.

나는 예배당에 들어가기 전, 주변에서 나뭇가지를 꺾어 십자가 모양으로 만들었다. 그리고 말씀을 전할 때 그 십자가를 높이 들어올리며 십자가 복음을 전했다. 중국어로 설교하면 쑹 목사가 인도네시아어로 정성껏 통역했다. 눈을 반짝이며 열심히 귀 기울이는 성도들을 보며,

속으로 하나님께 조용히 기도드렸다.

> "주님, 다른 말들은 잊더라도 오늘 이 십자가를 들고 설교한 이 장면이 이들 마음속에 오래오래 남아 잊지 않게 하소서!"

예배가 끝나자 모든 교인들이 줄을 지어 우리에게 다가왔다. 그리고 하나같이 무릎을 굽히며 우리 손을 자기 머리에 얹어 존경을 표했다. 남녀노소를 가리지 않고, 쑥스러워 피하는 이 하나 없이 스스럼없이 다가와 사랑과 존경을 전하는 모습에 말할 수 없는 감동과 기쁨이 솟구쳤다.

젊은이들도 꽤 많았는데, 그들은 신기하게도 한국어 몇 마디씩은 다 할 줄 알았다. 그래서 앞다투어 사진을 찍자며 우리를 불러세우는 바람에, 잠시나마 한류 스타가 된 기분도 맛보았다. 인도네시아 이 깊은 오지에서도 느껴지는 한류 열풍을 실감하며, 하나님께서 한국교회에 맡기신 선교의 사명이 얼마나 막중한지 새삼 깊이 깨닫게 되었다. 더 머물며 함께하고 싶었으나, 시간이 부족해 발걸음을 돌려야 하는 것이 그저 아쉬울 뿐이었다.

쑝 목사님은 16일 동안 샤오 목사님과 나에게 여러 교회와 신학교를 보여주며 설교와 강의를 부탁했다. 그곳에서 만난 화교와 다양한 원주민으로 이루어진 신학생과 교인들을 바라볼 때마다 가슴이 뭉클해졌다. 중국과 대만에서 경험했던 것과는 또 다른 결의 벅참과 부담이 내 안에 피어올랐다.

이번 인도네시아 방문 중 특별히 뜻깊었던 일정은, 대만에서 알게 된 유키 형제를 다시 만난 일이었다. 그는 인도네시아 화교 기독 실업인으로, 우리 저서 『광야에 세우는 십자가』를 인도네시아 화교 교회에 널리 보급해 주었던 분이다. 현재는 자카르타에 살고 있지만, 동부에 건설 중인 신(新) 수도가 있는 발리파판에 정부와 협력하여 대규모 서민주택 단지를 세우고 있었다.

우리는 그의 안내를 받아 그 주택 건설 현장을 둘러보았다. 예상보다 큰 규모와 엄청난 계획에 입이 다물어지지 않을 정도였다. 유키 형제는 자신의 가난했던 시절을 떠올리며, 어려운 이들에게 실제적인 도움을 주면서 복음을 전하는 사명을 받았다고 고백했다. 그래서 이곳에 기독교인과 무슬림이 사랑으로 함께 공존하는 지역사회를 만드는 꿈을 꾼다고 했다.

광야처럼 황량하던 모랫빛 벌판을 개간하느라 수많은 크레인이 즐비했고 이미 천 가구가 넘는 주택이 들어서 있었다. 그 절반은 이미 입주를 마쳤고, 나머지도 반년 후면 완공된다고 했다. 그의 눈은 이미 보이지 않는 것까지 보고 있었다. 이 곳뿐 아니라 앞으로도 여러 곳에 이

광야 같은 불모지를 개간하여 서민 주택 단지가 들어서고 있는 모습

무슬림과 기독교인이 함께 사는 마을을 꿈꾸는 유키형제(오른쪽 5번째) 회사직원들과

런 마을을 세우고 싶다며 이미 진행이 되고 있는 또다른 현장을 보여
주기도 했다.

과거 화교에 대한 반감이 극심했던 시절, 성난 인도네시아인들이 화
교 부호들을 해치려 할 때 "이 사람은 우리를 위해 좋은 일을 하는 사
람이다!"라며 마을 주민들이 그를 보호해 주었다는 이야기를 들을 때
는, 내 마음 깊은 곳에서 감사와 희열이 솟구쳤다.

지금도 그는 대만을 자주 오가며 기독 실업인들과 연합해 이 꿈을
이루기 위해 구슬땀을 흘리고 있다. 이슬람 사회에서 선교는 매우 어렵
고 위험하다. 실제로 구체적인 대안을 실천하며 하나님의 사랑을 보여
주는 이런 그리스도인이 더 많이 일어나길 간절히 바란다.

나는 이 여정을 마치며 이런 생각을 했다. '하나님께서 내게 이곳을
보게 하신 뜻은 무엇일까?' 중국은 점점 닫히고, 대만은 너무 작아 보
일 때 하나님은 내 눈을 동남아로 들어 올리게 하셨다.

이슬람 사회이지만 국교가 이슬람은 아닌 특수한 나라, 오래전부터
자리 잡은 화교 교회들, 대만에 와 있는 수많은 동남아 노동자들, 어린
아이부터 어른에게까지 불고 있는 K 열풍, 그리고 한국의 선교사들과

후원 교회들 … 이 모든 작은 퍼즐은 하나로 맞물려 하나님의 작품으로 완성되어야 할 조각들이다.

객가 목사님들과 함께 떠난 이번 인도네시아 선교 여행은 우리 부부에게 더 넓은 시야를 열어 주었다. 그리고 지난 30년의 선교 여정을 돌아보면서, 마지막을 어떻게 보내야 할지 그 방향을 보여 주는 나침반 같았다.

중국에서 대만으로, 그리고 다시 동남아와 전 세계에 흩어진 중국계 디아스포라에게로 이끄시는 주님의 놀라운 섭리에 감격하며, 다시 한번 주님의 아름다운 인도를 구한다.

제3부
고백과 기도

아름다운 동행 1
– 십자가의 길

먼 광야 끝에
한 사람이 서 있다.
바람 속에
십자가 하나 세워 두고.

오래된 바람이
이름 없는 세월을 지나
모래 위에 길을 남겼다.

별처럼 이어진
그 발자국을 따라
우리는
광야로 들어왔다.

길이 아니라
부르심이었다.

낮에는 태양이
영혼의 침묵을 태우고
밤에는 별들이
하늘의 약속을 펼쳤다.

목마른 날과
길 잃은 밤을 지나
십자가 곁에서
우리는
다시 서로를 만났다.

주님은
앞서 걸으셨고
우리는
그 뒤를 따랐다.
모래 위에 남은 발자국마다
은혜가 길이 되었다.

어느 날 뒤돌아보니
광야가 아니라

은혜였고
고난이 아니라
사랑이었다.

그리고
주님과 함께 걷는
아름다운 동행
아직 길은
끝나지 않았다.

먼 새벽의 빛 속에
십자가는
조용히 서 있고

우리는 안다.
이 길의 끝에서
우리를 기다리는 분이
바로
그 길이셨다는 것을.

아름다운 동행 2
- 흔들리지 않는 나라

세상이 흔들리는 밤
나는 광야의 길 위에 서 있다.
바람이 모래를 일으키고
대지는 낮게 떤다.

멀리 바다에서는
전쟁의 그림자가 지나가고
도시의 불빛 아래
사람이 세운 왕국들이
조용히 금이 간다.

탑도
성벽도
번영의 나라들도
시간의 바람 앞에서
모래처럼 무너진다.

그때
광야의 침묵 속에서

한 음성이 들린다.
별들보다 오래된 음성.

"내가 다시 한 번
하늘과 땅을 흔들리라."

산들의 뿌리가 떨리고
역사의 깊은 토양이 뒤집힌다.
나는 문득
먼 옛날의 광야를 본다.

바다를 건너
자유를 향해 걷던 백성들,
불기둥과 구름기둥 사이로
약속을 따라 걸어가던 발자국들.

광야는 언제나
하나님의 백성이
지나가는 길이었다.

세월이 흐르고
또 하나의 언덕 위에
한 나무가 서 있다.

메마른 하늘 아래
고요히 서 있는 나무—
십자가.

그 나무 위에서
사랑은 피가 되었고
침묵은 길이 되었으며
죽음의 한가운데서
한 나라가 태어났다.

불도 삼키지 못하고
시간도 허물지 못하며
죽음도 가두지 못하는 나라.

흔들리지 않는
하나님의 나라.

세상의 왕국들은
모래 위에서 일어나
파도처럼 사라지지만
그 나라는
영원의 반석 위에 서 있다.
나는 무너지는 것들을
붙들지 않는다.
광야의 바람 속에서
십자가의 길을 따라
왕 되신 주님과
천천히
그리고 끝까지 걷는다.

모래바람 속에서도
깊은 침묵 속에서도
보이지 않는 나라가
우리의 걸음을 이끈다.

나는 오늘도
광야의 길을 걷는다.

그리고 먼 날
모든 광야가 끝나는 아침에
우리는 알게 될 것이다.

이 길이
방황의 길이 아니라

처음부터
왕이 우리와 함께 걸어오신
가장 아름다운 동행이었다는 것을.

깨끗한 그릇

조용히 마음을 들여다보니
그 안에 말이 있고
감정이 있고
숨은 상처들이
아직도 조용히 울고 있다.

누군가 들어주길 바라는
작은 속삭임이지만
때로 그 말이
다른 이의 마음을
무겁게 할 수도 있다는 것을
이제는 안다.

그래서 나는
말을 줄이기로 한다.
말보다 기도를,
하소연보다
주 앞에 드리는 고백을
택하기로 한다.

세상에는 말이 넘치지만
하늘 아버지는
깨끗한 그릇을 찾으신다.

그래서 나는 오늘도
내 안을 씻고
또 씻는다.
주께 쓰임 받기 위하여.

걸음을 잊고 빛을 보다

나는 매일 걸었다.
어느 발이 먼저인지 생각하지도 않은 채
그저 앞으로 나아갔다.

그러던 어느 날
질문이 시작되었다.
"이 길이 옳은가?"
"나는 왜 이렇게 걷고 있는가?"

질문은 뿌리가 되어
내 안에 뒤엉킨 숲을 만들었다.

개미가 지네에게 물었다.
"너는 어느 발부터 움직이니?"

지네는 생각에 잠겼고
그 순간
한 발짝도 내딛지 못했다.
나도 그랬다.
걸음을 멈추고 생각 속을 맴돌았다.

그때
빛이 나를 불렀다.
"이제 나를 바라보아라."

나는 고개를 들었다.
빛은 늘 거기 있었다.

그분이 말씀하셨다.
"나를 바라보며 걸으렴.
내가 길이다."

이제 나는 안다.
빛 없는 성찰은
스스로를 묻는 일이라는 것을.

그래서 나는 오늘
걸음을 잊는다.

그리고
다시 걷는다.

빛을 따라
내 길이 아니라
그분의 길을 따라.

자취는 없어도

하늘을 스친 독수리,
깃털 하나 남기지 않고 사라지지만
바람은 그 비상을 기억한다.

바위를 스친 뱀,
몸의 흔적은 남지 않지만
돌은 그 지나감을 안다.

바다를 가른 배,
뒤돌아보면 물결은 잠잠하지만
깊은 곳은 그 항로를 품고 있다.

주님,
내 삶의 자취가 흩어질지라도
진실만은
주님의 마음에 남게 하소서.
시간은 사라져도
사랑은
주님의 영원 안에 머물게 하소서.

자취는 바람이 지워도
내용은
하나님이 새기신다.

한 마음으로 걷는 길

두 사람이
다른 뜻을 품고
같은 길을 걸을 수 있을까?

걸음이 나란해도
마음이 갈라지면
그 길은
곧 멀어지는 길이 된다.

주님,
내가 먼저
주와 마음을 같이하게 하소서.

주님의 생각에 나의 생각을 두고
주님의 뜻에
나의 길을 맞추게 하소서.

그러면 내가 말하리라.
형제여, 자매여

우리 함께 걷자.
주 안에서 한 마음으로
서로를 품자.

유오디아여, 순두게여,
주께 속한 자라면
주께 받은 사랑으로
다시 서로를 바라보라.

분열의 틈에
주님의 은혜가 스며들고
굳은 마음 위에
주님의 평강이 흐르게 하소서.

그래서 마침내
우리가 함께 걷는 이 길 위에
주님의 발자국만
남게 하소서.

산이 내게 말하는 것은

– 대만의 허환산(合歡山) 자락에서

산은 소리 없이 말한다.
모든 것을 본 눈으로,
모든 것을 견딘 품으로.

산이 내게 말하는 것은
처음 지어질 때의 나,
먼지 같은 존재에
창조주가 불어넣으신
한 줄기 숨의 이유.

산은 말한다.
너의 눈물 고인 골짜기를
내가 먼저 지나왔다고.

산이 내게 말하는 것은
머무름이 아니라
다시 내려감,
고요히 울리는
사명의 부름.

그 품에 안길수록
나는 나를 떠나 세상을 향해
더 깊이, 더 멀리
빛처럼, 바람처럼
나아가게 된다.

산은 말한다.
높음으로 교만하지 말고
낮음으로 무너지지 말고
그 사이 어딘가에서
늘 깨어 있으라고.

산의 언어는
하나님의 말없는 설교.
그 안에서 내가 잊고 있던
처음 기도,
처음 열정,
처음 부르심이 다시 살아난다.

그래서 나는 오늘도
산을 바라본다.
그분이 지으신
이 웅대한 창조 앞에서

내 작음을 감사하며
다시 길을 나선다.

사명을 따라.

마음아, 왜 이리 요동하느냐

깊은 밤,
감사의 샘이 터지듯
기쁨이 나를 적시더니
어느새 슬픔이 밀려와
어둠이 내 영혼을 뒤흔듭니다.

마음아, 왜 이리 요동하느냐?
무엇이 너를 눌러,
깊은 숨조차 내쉴 수 없게 하느냐?

나는 많은 일을 붙들었으나
정작 내 마음은 돌보지 못했습니다.
내 안의 두려움과 숨겨둔 회피가
수많은 혼란을 낳았습니다.

주여,
이 밤의 눈물을
주 앞에 놓습니다.

눈물은 한밤을 채우고
가슴은 죄책으로 눌리우나,
내 영혼은 기억합니다.

밤에는 울음이 깃들어도
아침에는
기쁨이 온다는 것을.

주여,
어둔 마음에 빛을 비추시고
뒤엉킨 감정의 매듭을
주의 사랑으로 풀어 주소서.

넘어진 나를 일으켜
주의 얼굴 빛으로 채우시고
내 입술이
다시 찬송하게 하소서.

성전 정화를 행하소서

주여,
내 안의 성전이
무너졌습니다.

찬양은 있으나
임재는 사라지고,
제사는 있으나
눈물이 없습니다.

기도의 향은 옅어지고
거룩은 이익과 바뀌었으며,
주님의 집은 내 욕망의 장터가 되었습니다.

주여,
줄로 채찍을 드셨던 그 날처럼
오늘 내 마음에 오셔서

쫓아내소서!
내 안의 장사꾼을,

뒤엎으소서!
내가 쌓아 올린 탐욕의 상을,

다 엎어버리소서!
위선의 제물과 입술뿐인 경배를.

나는
무너져야 합니다.
헐려야 합니다.

그래야
사흘 만에 다시 세우시는
주님의 손이
내게 임할 수 있기에.

주여,
심판하시되
그 안에 회복을 두시고,
책망하시되
그 뒤에 은혜를 부어 주소서.

주여!

정결하게 하소서,

내 안에 성전 정화를 행하소서!

광야에 임하시는 하나님

투르판의 태양은 숨을 조이고,
고비 사막의 바람은
말없는 채찍처럼 얼굴을 스쳤다.

끝없이 이어진 모래와 자갈,
살아 있는 기척조차 보이지 않는 땅.

바로 그곳에서
다가오는 하나님의 숨결.

미디안 들판의 모세,
꺼지지 않는 떨기나무 앞에서
들려온 음성.

"네가 선 곳은 거룩한 땅이니
신을 벗어라."

그 음성은
사막의 바람을 타고
시간을 건너
내 안으로 스며든다.

"지금 이 자리에서 나를 만나라.
두려움을 벗고
너 자신을 내려놓아라."

나는 더 이상 피하지 못한 채
숨을 고르고
그 앞에 선다.

주님,
신을 벗겠습니다.

사명의 길 앞에서
내 고집을 벗고
내 계획을 벗고
나의 상처와 모든 타당함을
내려놓겠습니다.

이제는
주님이 입히시는 임재의 옷을 입고
주님이 주시는 길을 걷겠습니다.
주님이 계신 곳이라면
광야도 성소가 되고
황무지도
예배의 자리가 됩니다.

오체투지(五體投地)와 십자가

중국 서북,
광활한 고원의 끝자락.

사람의 발걸음보다
신을 향한 염원이
더 오래 눌러 온 땅.

시닝(西寧) 타얼스 사원 앞마당에서
나는 말없이
돌바닥을 내려다본다.

이마가 닿았던 자리들,
수없이 겹쳐진
기도의 자국들.

이마를 땅에 대고
두 팔을 펼쳐
가슴으로 밀어 나가며
전신으로 드리는 기도,
오체투지.

무릎과 팔꿈치가 닳아
돌바닥이 윤이 나고
입김보다 깊은 결심이
바람보다 묵직하다.

"죽기 전에
오체투지하다 생을 마치는 것이
가장 복되다."

그 간절함 앞에서
문득 내 마음이 무너진다.

나는 언제
하나님 앞에
그토록 전심으로
엎드린 적이 있었던가?

오체투지보다 더 깊은
자기부인의 자국이 과연
내 삶에 새겨져 있는가?

그때
주님의 음성이
내 안에 스며들었다.
"내가 너를 대신해 엎드렸고
너를 대신해 죽었다.
이제는 너와 함께
걷고 싶다."

그들이 기도로
걸어가는 길 위에서
나는 말하고 싶다.

당신들이 찾아가는
구도의 끝,
그 언덕 위에는
당신을 위해 피 흘리신
예수님이 계십니다.

그분은
더 이상 절하지 않아도 되는 길을

당신을 대신해
걸으셨습니다.

이제는
그분 안에서
쉴 수 있습니다.

아둘람 교회 공동체

사람이 등을 돌린 자리마다
주님은
지워진 이름을 다시 새기셨습니다.

우울의 밤에 눌려
숨조차 접어 두었던
한 자매의 영혼 위에
주님은 먼저
아침을 여셨습니다.

"너는 살아 있다."

불꽃 속에서 두 팔을 잃고
이념의 소음 속에
소모되었던 한 사람,

쓸모없다 불리던 몸 위에
주님은 손 대신
존엄을 얹으셨습니다.
"너는 내가 지었다."

움직이지 않는 다리,
끝났다고 믿었던 시간 앞에서
주님은 다시 말씀하셨습니다.
"네 영혼은 아직 걷는다."

벽돌 위에 세운 집이 아니라
눈물 위에 세운 교회,
질서로 버티는 제도가 아니라
임재로 숨 쉬는 몸.

죽어가던 영혼 위로
다시 숨이 불어오고
잊혔던 이름들이
빛 가운데 불립니다.

"우리는
하나님의 자녀다."

이 고백 하나로
밤은 물러가고

상처는 제단이 됩니다.

버려진 자들의 모임,
그러나 하늘이 택한 자리—
아둘람.

주님의 영광은
가장 낮은 곳에서
가장 또렷이 드러납니다.

무너진 땅에서 부르짖다

- 2008년 쓰촨 대지진을 지나며

주님,
무너진 땅에서 부르짖습니다.

땅이 흔들리던 그날,
제 믿음도 함께 흔들렸습니다.

산이 갈라지고
집과 학교가 무너지고
어린 생명들이 흙 속에 잠기던 날—
제 안의 세계도 조용히
무너져 내렸습니다.

주님,
왜 이 땅에 이토록 깊은 눈물을
허락하셨습니까?
잔해 위에 앉아 울음을 삼키던 새벽,
한 음성이 빛처럼 스며듭니다.

"나는 그들을 여전히 사랑한다."

그때 알았습니다.
무너진 자리 한복판에서
주님은 이미 보이지 않는 기초를
다시 놓고 계셨음을.

돌무더기 사이로 기도가 싹트고
잠들었던 교회들이 사랑을 들고
달려왔습니다.

주님,
이 폐허 위에
주의 나라를 세우소서.

믿습니다.
무너짐이 끝이 아니며
주의 사랑은
흔들리지 않는 반석임을.

그러니
흔들리는 길 위에서도
주님의 손을 놓지 않게 하소서.
폐허 한가운데서도
주님은 여전히
우리의 주이십니다.

고난 속에서 부르는 노래

주님,
마음이 무너질 때
세상의 말은 위로가 되지 않고
가까운 이의 조언마저
멀게 느껴질 때,

나는
십자가를 바라봅니다.

고요한 밤,
눈물은 흐르고
답 없는 질문들이
가슴을 두드리지만

나는
주님의 음성을 기다립니다.

말할 수 없는 슬픔 속에서도
끝내 부르게 되는 이름—
주님의 이름이

나를 다시 일으킵니다.

무너지는 세계 한가운데서도
변하지 않는 한 분,

상실의 자리에서도
내 영혼은
주께 노래합니다.
이해하지 못해도
주께 묻고
주께 기대며
조용히
믿음을 붙듭니다.

눈물 속에서도
나는 압니다.
이 시간이 지나면
주님을
더 깊이 알게 되리라는 것을.

고난은 지나가고
주의 사랑은
남습니다.

사명

주의 음성이
내 영혼 깊은 곳을
깨우시던 날,

나는 알았습니다.
이 길이
내 뜻이 아니라
주님의 뜻이라는 것을.

십자가의 빛 아래
흔들리던 두려움은
조용히 가라앉고,

모든 민족을 품고 우시는
주님의 눈물을
처음으로 보았습니다.

그날 이후
나는
나를 붙들던 생각들을 내려놓고
주님의 길을 따릅니다.
어둠의 골짜기라도
메마른 광야라도

주님의 임재가 나를 지키고
주님의 말씀이
내 길을 밝힙니다.

"가라."
그 음성은 내 안에서
불처럼 타올랐고,
"제자 삼으라." 그 명령은
내 삶의 이유가 되었습니다.

주여,
작은 입술로
복음을 말하게 하시고,
떨리는 손으로
사랑을 심게 하시고,
연약한 걸음으로
주의 나라를 향해
걷게 하소서.

세상 끝날까지
함께 하신다는
그 약속을 붙들고

오늘도 나는
걷습니다.
십자가 아래서 받은
사명의 길을.

또 다른 부르심 앞에

처음,
이 땅에 발을 디디던 날
내 발은 떨렸고
가슴에는
눈물이 고였습니다.

"주님 한 분이면
충분합니다."

작은 입술로
하늘을 향해 속삭이던 그때
내 삶은 이미
제물로 드려졌습니다.

어언 삼십 년,
눈물은 씨앗이 되고
기도는 길이 되었습니다.

복음은 들녘에 뿌려지고
교회는

풀처럼 자라났습니다.
함께 울고 함께 웃으며
우리는
복된 날들을 걸었습니다.

그 모든 시간이
광야였으나
주님이 계셨기에
그 광야는 은혜였습니다.

이제
또 다른 부르심 앞에 섭니다.
떠남은 여전히 낯설지만
주님의 손이 가리키는 길이라면
고개를 들어 다시 따르겠습니다.

주님,
기억하게 하소서.

광야 한복판에도
십자가는 세워지고
아무것도 없는 자리에도
주의 사랑은 꽃피며

주의 나라가 임한다는 것을.

그리고 그 십자가 곁에서
흩어진 우리의 걸음이
언젠가 다시 모여
같은 주님 앞에
다시 엎드릴 그날을
간절히 기다립니다.

주님 없이

주여,
제가 누구이기에
이 산을 넘는 사명을
감당하겠나이까?

내 안에는
능력도 없고
지혜도, 담대함도 없습니다.

먼지보다 작은 나를
어찌하여 부르셨나이까?

"내가 너와 함께 있으리라."

그 말씀 하나에
떨기나무에 붙은 불처럼
제 심장이 타올랐습니다.
주님의 임재 없이는
한마디도 말할 수 없고,
주님의 숨결이 아니면

광야는 죽음의 땅,
이 산 또한 오를 수 없는
절망의 봉우리일 뿐입니다.

오 주여,
제게 임하여 주소서.

그 거룩한 불로 저를 감싸시고
저를 떠나지 마옵소서.
주께서 떠나시면
모든 말은 메아리가 되고,
모든 사명은
허공에 흩어질 뿐입니다.

오직
주님의 임재만이
길이 되고, 말씀이 되며,
능력이 됩니다.

주님 없이

저는 아무것도 아닙니다.

그러니 저를 보내시려거든

반드시

주님과 함께 가게 하소서.

주의 말씀이 불이 되리라

주여,
저는 지금
메마른 땅 한가운데
서 있습니다.

입술은 마르고
영은 잠들고
심장의 불꽃마저
희미해졌습니다.

그러나 주여,
다시 살고 싶습니다.
다시 타오르고 싶습니다.

죽어가는 세대를 향해
십자가의 말씀을
불처럼 전하고 싶습니다.

그러나 저는 압니다.
제 입은 사람의 말로 흐려졌고

칭찬 앞에 침묵했고
거절이 두려워
진리를 숨겼습니다.

이제는
주님의 침묵이 두렵고
제 안의 말씀의 불이
꺼질까 두렵습니다.

주여,
말씀의 불을
제게 주소서.

제 입술을
주의 제단에 눕혀
거룩한 불로
지져 주소서.

사람의 말은
사람을 살릴 수 없습니다.

오직
주님의 말씀만이
생명입니다.
주여,
저를 사용하소서.
차라리
저를 태우소서.

하나님의 말씀이
나의 입에서
불이 되리라!

그 불이
잠든 심령을 태우고
이 시대를
흔들게 하소서.

참된 지도자

주여,
다시
나를 만지소서.

사람을 가르치며
진리를 말했으나
내 마음은
때로 말씀 밖에 서 있었습니다.

입술은
진리를 전했으나
삶에서는
그 능력을 잃었습니다.

사람들은 나를
목자라 부르지만
나는 어느새
주님의 눈물을 잃고
주님의 거룩한 분노마저
잃어버렸습니다.

침묵으로
평안을 지키려 했고
타협으로
마음을 숨기려 했습니다.

주여,
이러한 내가
어찌 다시 강단에 서겠습니까?

무너진 심령으로
어찌 누군가를
깨울 수 있겠습니까?

그러나 주여,
다시
나를 만지소서.

사람 위에 군림하는
제사장이 아니라
주님의 심장을 품고

우는 목자가 되게 하소서.

박수 받는 선지자가 아니라
말씀 앞에 먼저 무너지는
사람이 되게 하소서.

주여,
이 시대에
참된 지도자를 찾으신다면

이 무너진 심령을
다시 들어
사용하소서.

언약궤를 메고 가는 암소처럼

새벽 안개 속에서
두 마리 암소가
조용히 일어선다.

그들의 등에 놓인 것은
사람의 손으로 다룰 수 없는
거룩의 짐
언약의 궤.

젖 먹는 송아지를 남겨 둔 채
그들은 뒤돌아보지 않는다.

하늘의 부르심이
들판 너머에서 그들을 이끈다.

바람은 차고
땅은 고르지 않지만
걸음은 흔들리지 않는다.
그들의 침묵은
어느새 찬송이 된다.

"주여,
내 품은 비었으나
주의 말씀은
내 어깨에 있나이다."

그 무게는
고통이 아니라
임재를 품은
은혜의 징표.

사람의 눈에는
짐을 진 짐승이 보이나
하나님의 눈에는
순종의 제단이 보인다.

눈물 젖은 흙길 위에
발자국이 남고
그 자리마다
언약의 향기가 번진다.

주님,
우리도
저 암소처럼 걷게 하소서.

말없이 순종하고
눈물로 예배하며
어깨에 말씀을 이고

그 걸음의 끝마다
주의 임재가 머무는
예배의 들판이
열리게 하소서.

십자가의 증인들

그들은
승리의 깃발이 아니라
손에 남은
못자국을 들고 일어섰다.

세상은
그것을 패배라 불렀으나
하늘은
사랑이라 불렀다.

그들의 눈빛에는
피 묻은 새벽이 서리고
손끝에는 용서의 불이
조용히 타올랐다.

그들은
세상을 정복하지 않았다.
자신을 내어주어
어둠 속에 빛을 심었다.

그 빛은 작았으나
밤은 그것을 이기지 못했다.

그들은 외쳤다.
"그분이 살아 계신다!"

그 고백은
칼보다 깊어
사람의 영혼을 가르고
잠든 마음을 깨웠다.

십자가는 그들의 깃발,
흘린 피는 그들의 노래,
사랑은
그들이 남긴 유산이었다.

이름은
바람에 지워져도
그들의 걸음은
길이 되고,

그 길 위에

오늘 우리도

작은 증인으로 선다.

포르모사(Formosa)*

태평양의 물결을 건너
눈물과 한숨을 품고
이 섬에 이른 사람들.

누군가는 대륙에서,
누군가는 먼 섬에서,
낯선 언어와 문화 속에서도
살 길을 찾아 이곳에 머물렀고,
그 마음 속에 조상의 신(神)을 품은 채
불확실한 미래를 살아내야 했습니다.

이 포르모사는
우연히 만들어진 피난처가 아니라,
당신께서 살 길 없는 자들을 위해
펼쳐 두신 은혜의 땅.

그러나 역사의 바람은 거세었고,
깃발은 흔들렸으며

주인의 이름은 수차례 바뀌었습니다.

이제는 이 섬의 백성들조차
누구를 신뢰해야 할지 몰라
불안 속에 향을 피우고
두 손 모아 알지 못하는 신에게
기도하고 있습니다.

여호와 하나님,
대만을 긍휼히 여기소서.

이 땅의 참 주관자는
어떤 신(神)도, 어떤 정당도 아닌
오직 살아 계신 하나님이심을
이 백성들이 알게 하소서.

주님의 십자가 아래에서만
참된 안식과 회복이 흐른다는 것을
이 섬의 백성들이 보게 하소서.

오늘도 복음을 품고
묵은 신발을 신고
이 땅을 밟는 주님의 종들과 교회들 위에
성령의 능력을 부어 주시고,
높이 들린 십자가 아래
오직 주님의 이름만
이 포르모사 위에
빛나게 하소서.

이 섬의 이름이
자연의 아름다움 때문이 아니라
주 안에서 하나 된
사랑과 진리로
기억되게 하소서.

*포르모사; '아름다운 섬' 이라는 뜻의 포르투갈어, 대만의 별칭.

주님의 바람이 불어옵니다

온 세상이 펜데믹으로 문을 닫고
두려움이 거리를 채우던 때에도
이 땅은
풍랑을 비켜 가는 작은 배처럼
고요히 은총 안에 머물게 하셨습니다.

우리는 고백합니다.
그 시간은
주께서 대만 위에 베푸신
특별한 긍휼의 계절이었음을.

묶인 발걸음을 이끌어
이 섬에 오래 머물게 하시고,
말씀의 깊은 샘을 열어
당신의 백성에게
영의 양식을 먹게 하신 주님.

주님의 바람은
보이지 않는 곳에서
작은 기도의 불씨들을 일으키고,

휴대폰 음성 너머로
시간을 지키며
겸손히 무릎 꿇는 영혼들을
조용히 세워 주셨습니다.

타이베이 총통부 광장에
불었던 주님의 바람을
기억합니다.

원주민의 눈물 위에,
객가(客家)인의 간구 위에,
청년들의 헌신 위에

만 명이 넘는 젊은 세대가
새벽 이슬처럼 일어나
나실인으로 헌신하던 날,

저는 알았습니다.
이것은 사람의 열정이 아니라
주께서 오래 품어 오신

부흥의 숨결임을.

주님,
이 땅에 맞는 옷을 입혀 주소서.
외형을 이식하는 바람이 아니라
깊이 뿌리내리는 바람이 되게 하소서.

요란하지 않아도 좋습니다.
그러나
멈추지 않게 하소서.
보이지 않아도 좋습니다.
그러나
생명을 흔드는 바람이 되게 하소서.

고국을 위한 기도

주여,
분노가 거리를 메우고
형제가 형제를 겨누는
이 땅의 신음을 들으소서.

우리는 스스로 옳다 말하나
사랑을 잃은 옳음은
십자가에서 멀어졌습니다.

진리를 외친다 하면서도
화평의 열매를 맺지 못한
우리의 조급한 마음을
긍휼히 여겨 주소서.

주님의 십자가는
이기기 위한 깃발이 아니라
자기를 내어주는
하늘의 사랑임을
다시 배우게 하소서.

"원수를 사랑하라" 하신 주님,
"화평하게 하는 자는 복이 있다" 하신 주님,

이 나라
대한민국을
기억하여 주소서.

정의가 정죄가 되지 않게 하시고
신념이 미움으로 굳어지지 않게 하시며

진리가 서로를 겨누는
칼이 되지 않게 하소서.

주여,
동방의 등불이라 불리던
이 나라를 불쌍히 여기소서.

갈라진 마음 위에
주의 평강을 흘려 보내시고
메마른 영혼 위에
성령의 바람을 불어 주소서.

주의 백성들을
다시 십자가 아래로 부르시고
눈물로 기도하게 하소서.

그리하여
이 땅이 다시
자비와 진리로 만나고
의와 화평이 서로 입 맞추는
주의 나라의 들판이 되게 하소서.

주여,
나의 사랑
대한민국을
주의 긍휼로 새롭게 하소서.

혼란의 시대에 주께 드리는 탄원

주여,
사람의 말은 칼이 되고
감정의 파도는
진실을 덮습니다.

빛과 어둠의 경계마저
흐려진 이 시대에
주의 말씀만이
우리의 등불이 되게 하소서.

소문은 바람처럼 떠돌고
진실은 먼지 속에 묻히는 때,
흔들리는 마음을
오직 진리로 붙들어 주소서.

주여,
기도마저 분노의 그릇이 되지 않게
우리 영혼을
주의 뜻 안에 잠잠히 머물게 하소서.

그리스도의 몸 된 교회를
지켜 주소서.

거짓의 바람을 잠잠케 하시고
자기 확신의 소음 위에
성령의 평강이 흐르게 하소서.

진리의 영이시여,
우리 가운데 거하사
말도
판단도
기도도
모두 주의 뜻 안에
머물게 하소서.

십자가로 타오르는 부흥

부흥은
타오르는 함성이 아니라
꺼지지 않으려
몸을 낮추는 작은 불씨입니다.

군중의 박수가 아니라
한 영혼이 무너져
십자가 아래
엎드리는 순간입니다.

우리는 번쩍이는 불꽃을 구했으나
주께서는 묵묵히
장작을 쌓으라 하셨습니다.

우리는 하늘의 능력을 원했으나
주께서는 먼저
자기를 부인하라 하셨습니다.

십자가는
세상 눈에 빛나지 않으나

어둠의 심장을 꿰뚫는 빛,

높아 보이지 않으나
영원을 여는
가장 높은 길입니다.

내가 한 걸음 물러설 때
주의 나라는 한 걸음 자라고,

내 뜻이 꺾이는 자리에서
하늘의 뜻이
조용히 피어납니다.

주여,
우리의 얼광을 거두시고
거룩한 떨림을 주소서.

순간의 열기를 지나
평생의 제자도로
걸어가게 하소서.

부흥은
한밤의 뜨거운 집회가 아니라
날마다 자아가 꺾이는
작은 죽음,

오늘도 다시 지는
십자가입니다.

그러나 그 십자가에서
꺼지지 않는 불이 일어납니다.

십자가의 불이
우리 심장에서 시작되게 하소서.

타오르되 소리 없이,
번지되 과시 없이,

그 거룩한 불로
우리와 이 시대를
다시 새롭게 하소서.

이렇게 글로 적어보니, 결코 적지 않은 길을 걸어왔다는 생각이 든다. 감사한 것은 그 걸음이 향방 없는 방황이 아니라, 분명한 방향으로 인도받아온 여정이었다는 점이다. 의식하든 그렇지 않든, 우리의 인생은 하나님의 섭리 안에서 이어지는 여행과도 같다. 그 길 위에서 참으로 많은 사람들을 만났다.

'죽음의 장막'이라 불리던 생면부지의 땅으로 가족을 이끌고 망설임 없이 떠날 수 있었던 것도, 예순이 넘어 또 다른 이국(異國) 땅에서 새롭게 시작할 수 있었던 것도 모두 내 계획이나 의지로 된 일은 아니었다.

선교사로, 나그네로 살아가면서 내 소유를 주장하지 않는 삶을 터득한 것은 내게 가장 귀한 특권이자 선물이었다. 부르심이 있는 곳으로 지체하지 않고 떠날 수 있었고, 미련이 아닌 기대와 새로운 열정으로 다시 채워 주시는 은혜를 경험했다. 주님 안에서는 비전과 열정이 결코 고갈되지 않으니, 이 또한 큰 은혜다.

나는 내려놓았고 때로는 잃었다고 생각했지만, 그 길에서 오히려 더 풍성함을 입었다. 눈에 보이는 건물이나 조직, 뚜렷한 업적은 남기지 못했을지라도, 눈에 보이지 않는 무형의 영적 자산은 헤아릴 수 없이 얻었다.

내 주변과 우리나라만 크게 보이던 시선은 선교의 길 위에서 점차 하나님의 글로벌한 시각으로 확장되어 갔다. 전 세계가 무역과 금융, 자원 확보를 위해 교통망을 선점하려 보이지 않는 전쟁을 치르는 이 시대에, 우리는 무엇을 보고 있는가?

지금 내 눈앞에는 중국에서 대만과 동남아로 이어지는 복음의 해상 실크로드, 그리고 천산산맥을 넘어 중앙아시아를 거쳐 중동 이슬람 세계로 이어지는 복음의 육상 실크로드가 보인다.

그 땅은 오래된 제국주의적 선교의 방식으로는 결코 닿을 수 없는 곳이다. 물질에 의존하고 문화적 우월의식을 내려놓지 못한 채 다가선 다면, 사역은 오히려 하나님의 영광을 가리는 일이 될 것이다.

그래서 나는 간절히 기도하며 갈망한다. 예수 그리스도께서 그러하 셨듯, 약하고 아픈 이들의 곁에 서서 눈물을 닦아주고, 친구가 되어 주며, 세상과 다른 사랑으로 묵묵히 십자가를 지고 걸어갈 다음 세대가 새벽이슬처럼 일어나기를 … !

아름다운 동행

지은이   황창연

펴낸이   정덕주

발행일   2026. 4. 5

펴낸곳   한들출판사

         서울시 종로구 대학로 19(기독교회관 410호)

         등록 제2-1470호. 1992년

홈페이지 www.handl.co.kr

전자우편 handl2006@hanmail.net

전화   편집부 02-741-4069

         영업부 02-741-4070

FAX   02-741-4066

ISBN   978-89-8349-876-2 93230